DICTIONNAIRE

DES CURIEUX

COMPLÉMENT PITTORESQUE ET ORIGINAL

DES

DIVERS DICTIONNAIRES.

DICTIONNAIRE

DES CURIEUX

COMPLÉMENT PITTORESQUE ET ORIGINAL

DES

DIVERS DICTIONNAIRES.

PAR

Ch. FERRAND.

———

BESANÇON

IMPRIMERIE DODIVERS ET Cie, GRANDE-RUE, 87.

—

1880.

DICTIONNAIRE DES CURIEUX

COMPLÉMENT PITTORESQUE ET ORIGINAL

DES DIVERS DICTIONNAIRES

La foire n'est pas sur le pont.

Cette singulière locution, dont le sens est : *Nous avons le temps, il est inutile de tant se presser* — ne peut guère avoir pris naissance que parmi les populations provençales.

On sait combien était importante et célèbre, aux derniers siècles, la foire qui se tenait à Beaucaire, au mois de juillet. Il y venait des marchands, non-seulement de tous les points de la France, mais encore d'Afrique, d'Orient, d'Espagne, d'Italie, d'Angleterre, même de Russie et de Danemark.

On sait également que Beaucaire, séparé de Tarascon par le Rhône, était relié à cette dernière ville par un pont de bateaux. De sorte que les Provençaux, les Italiens et les Orientaux qui se rendaient à la foire de Beaucaire, ne pouvaient arriver à leur destination qu'en traversant Tarascon et en passant ensuite le pont de bateaux.

Tarascon se ressentait naturellement du commerce et de l'animation de Beaucaire pendant la fameuse foire de juillet. Il est même probable que nombre d'étrangers et de marchands ne trouvant plus de place à Beaucaire, pour leur personne ou pour leurs marchandises, créaient à Tarascon une sorte de foire presque aussi importante que celle qui se tenait de l'autre côté du Rhône. On comprend dès lors que, au fort de la foire, le pont qui relie les deux villes devait être encombré et d'un accès difficile, si, comme il y a lieu de le supposer, il était bordé de boutiques et d'échoppes. Au moyen âge, en effet, presque toujours, les ponts étaient pour ainsi dire le point central des halles et des marchés, le rendez-vous où chacun était sûr de rencontrer ceux qu'il cherchait. De nos jours encore, dans les villes où il y a des ponts, cet endroit est choisi, de préférence à tout autre, comme lieu de rendez-vous.

Lorsque la foire de Beaucaire ne faisait que commencer, les étrangers qui s'y rendaient par la route de Provence ne trouvaient que peu d'encombrement, en passant de Tarascon à Beaucaire par le pont du Rhône. Mais lorsque la foire était dans son fort, du 15 au 25 juillet, il devait leur être difficile, non-seulement de trouver à Beaucaire un logement et un emplacement pour leurs marchandises, mais même d'y parvenir, parce que la foire occupait toute la ville et couvrait le pont lui-même.

Il est donc probable que la locution *la foire n'est pas encore sur le pont* fut créée par des Provençaux qui, se rendant à Beaucaire dès le commencement de la foire, savaient que le pont n'était pas encore encombré, et qu'il n'y avait pas lieu pour eux de se presser.

L'argent est rare — abondant.

La monnaie, qu'elle soit d'or, d'argent, de billon, ou figurée par du papier garanti, n'est qu'un signe représentatif n'ayant par lui-même aucune valeur.

Un laboureur consent à donner son blé, son bétail, ses fruits, contre un peu de métal. Il ne le ferait pas, s'il n'était assuré de pouvoir, avec ce métal, se procurer des vêtements, du sucre et tout ce qu'il ne récolte pas dans ses champs.

En principe, l'argent n'est jamais ni rare, ni abondant. C'est la production qui est rare ou abondante.

Si un pays produit beaucoup d'objets alimentaires et d'objets industriels, ils s'échangent contre peu d'argent. Si la production manque, les mêmes objets ne peuvent s'échanger que contre beaucoup d'argent.

Quand tout abonde, un homme peut à la rigueur vivre avec vingt sous par jour. Si les objets de consommation et d'industrie font défaut, par suite d'une mauvaise récolte ou d'une crise sociale, il est évident que le même homme, avec la même somme, ne pourra subvenir à ses besoins.

Un pays est donc riche en proportion seulement de ce qu'il produit d'objets alimentaires et d'objets fabriqués, ces derniers s'échangeant plus tard contre les premiers.

Supposons que chaque habitant de la France se réveille un matin possédant dix mille francs de plus que la veille. Les Français ne seraient pas plus riches qu'avant, s'ils ne trouvaient moyen, avec ces ressources nouvelles, d'augmenter la production du pays. Les 360 milliards qui leur seraient venus en dormant pourraient, pendant quelque temps, leur permettre d'acheter à l'étranger un grand nombre de produits ; mais leur argent s'en irait à l'endroit d'où viennent ces produits, et bientôt il se ferait un équilibre entre le prix des objets divers et le numéraire existant. Au bout d'un an, les Français seraient même plus pauvres qu'auparavant si, se fiant à leurs nouvelles ressources, ils avaient négligé leur agriculture et leur industrie.

On peut donc traiter d'utopistes les hommes qui prétendent qu'il serait possible de payer la dette nationale et d'augmenter le produit de l'agriculture et de l'industrie, en créant quelques milliards de papier-monnaie garanti par une hypothèque sur l'Etat, sur les monuments, les musées, en un mot sur les richesses incalculables qui appartiennent à la nation elle-même, qui coûtent à entretenir et ne rapportent rien.

Les billets de la Banque de France, dit-on, sont reçus comme or en barre, parce qu'on sait qu'ils sont représentés par une valeur réelle. Ne donnerait-on pas la même confiance à un billet dont le montant serait garanti par quelques hectares de la forêt de Fontainebleau ou le château de Versailles?

Peut-être. En tout cas, cela ne servirait à rien au point de vue de l'augmentation de la richesse nationale.

M. Victor Borie a rendu palpables ces vérités économiques trop peu connues, dans un excellent article de l'*Année rustique* :

« ..... La multiplication indéfinie du signe d'échange ne changerait rien aux situations respectives. Elle troublerait les échanges, au lieu de les rendre plus faciles; son rôle se bornerait là.

» Qu'on me permette une hypothèse, afin de simplifier la question.

» Je suppose un pays où tous les produits accumulés se réduisent à trois sacs de blé, tout le numéraire circulant à trois écus. Les trois écus servent à échanger les trois sacs de blé, les trois sacs de blé ayant même poids, même qualité, par conséquent même valeur par la force des choses, chaque sac vaudra un écu et pourra s'échanger contre un écu.

» Maintenant, supposons encore que, par une émission de papier-monnaie ou autrement, vous augmentiez le nombre des écus, et que vous le portiez à six, au lieu de trois, sans augmenter le nombre des sacs de blé.

» Qu'arrivera-t-il ?

» Les cours s'équilibreront, toujours par la force naturelle des choses, de même que les eaux tendent à prendre sans cesse leur niveau.

» Le monde économique est soumis aux lois naturelles tout comme le monde physique. C'est triste pour les chercheurs de pierre philosophale, mais Dieu l'a voulu ainsi.

» Il y aura donc trois sacs et six écus ;

» Chaque sac vaudra deux écus ;

» Il faudra offrir deux écus pour obtenir un sac de blé.

» Avant la multiplication des écus, il fallait un écu pour acheter un sac de blé : il en faudra deux. Voilà ce que nous aurons gagné.

» Jetez sur le marché de France cinq ou six milliards de papier-monnaie, quelque bon que vous le supposiez, quelque confiance que vous donniez au public — avec ou sans gendarmes — vous verrez ce qui arrivera.

» La quantité des produits ne s'accroissant pas proportionnellement avec le chiffre des signes d'échange, le signe d'échange s'avilira.

» Le sac de blé vaudra deux écus!

» Les braves gens qui s'imaginent rendre le pays plus riche en multipliant inconsidérément le signe d'échange, me font l'effet d'un enfant qui se croirait plus riche avec cent sous en gros sous qu'avec une petite pièce d'or de cinq francs.

» Pourquoi le cuivre vaut-il moins que l'or?

» Parce qu'il y en a davantage.

» Si vous multipliez le signe d'échange, vous l'avilirez d'autant plus que vous en créerez davantage.

» Voilà la vraie vérité. »

C'est l'histoire des assignats et, plus près de nous, l'histoire des milliards payés par la France à l'Allemagne.

L'Allemagne n'est pas plus riche qu'avant la guerre, peut-être moins. Aucune rançon ne l'enrichira jamais si elle n'augmente sa production.

La France n'a pas succombé après une catastrophe qui lui a coûté en tout plus de 20 milliards, par la simple raison qu'elle a compris que la fortune d'un peuple n'est pas dans le signe représentatif des objets alimentaires ou industriels, mais dans la production abondante de ces objets.

Produisons; là est le secret de la fortune.

La production ressemble à un foyer dont l'argent représenterait les rayons et la chaleur. Plus le foyer est intense, disposé avec art, alimenté par des corps éminemment combustibles, plus les rayons de lumière et de chaleur qu'il émet sont vifs, énergiques et lumineux.

Je ne suis pas dans sa manche.

Que vient faire ici le mot *manche* avec le sens de *bonnes grâces ?*

Je ne sache pas qu'une personne, pour témoigner qu'elle est bien disposée à l'égard d'une autre, lui ait jamais ouvert sa manche en la priant d'y élire domicile.

La première fois que cette locution attira mon attention, c'était à un bal. Un monsieur venait de l'employer en parlant d'une dame.

Je ne pus m'empêcher de penser qu'il serait tout aussi difficile de pénétrer dans la *manche* d'une dame en toilette de bal, que de tailler une plume avec un canif sans lame et je me promis de rechercher en vertu de quelles circonstances *manche* avait pu devenir synonyme de faveur, bienveillance, amitié; pourquoi un morceau d'étoffe avait pu symboliser un sentiment.

Parmi les personnages préposés autrefois à la garde et à l'éducation des fils de France, on distinguait particulièrement les *gentilshommes de la manche.* Leur fonction était de veiller sur la personne du jeune prince, de le guider en toute circonstance, de partager ses jeux, comme font aujourd'hui les domestiques de grande maison qui ont su mériter la confiance de leurs maîtres. Ils étaient au gouverneur du prince ce que sont ces domestiques au précepteur. Tout ce qui touchait à l'éducation physique était de leur département.

On les appela gentilshommes de la manche, parce que leur rôle ressemblait assez à celui d'une bonne d'enfants qui dirige un bambin en le tenant par la manche de sa robe.

Il y avait aussi des *gardes de la manche*, chargés de se tenir constamment, à tour de rôle, aux côtés du roi et de veiller à la sûreté de sa personne.

On conçoit facilement que les gentilshommes attachés à la personne d'un fils de France, appelé à régner plus ou moins prochainement, essayaient de ne pas trop déplaire à leur pupille. La plupart du temps, c'était le pupille qui commandait et les supérieurs qui obéissaient, de même qu'on voit de nos jours un bambin de cinq ans faire manœuvrer à sa guise une grosse créature qui pourrait le broyer d'un revers de main. Quand le jeune prince arrivait au trône, même avant, les gentilshommes de la manche étaient donc mieux placés que personne pour obtenir des faveurs. Et ceux qui sollicitaient sans pouvoir rien obtenir s'en consolaient en disant : Si je faisais partie des gentilshommes de la manche, on ne me refuserait pas ; — il n'y a de faveurs que pour ceux de la *manche*; — je ne suis pas dans la *manche* du prince.

Manche est employé ici par métonymie, de même qu'on dit : la *Faculté*, pour les médecins de la Faculté ; — la *Toge*, pour les magistrats; — la *Chambre*, pour les députés.

Être sur son trente-et-un.

Se mettre *sur son trente-et-un*, c'est se mettre en grande toilette pour rendre une visite, assister à un baptême, à une noce, etc.

Trente-et-un ou *trente-un* est une corruption de *trentain*.

Au moyen âge, des règlements fort sévères punissaient, non-seulement les ouvriers qui avaient employé dans leur fabrication des matières premières avariées, mais encore ceux qui ne donnaient pas à leurs produits les formes et les dimensions requises. En ce qui concernait les tisserands en laine, ces règlements allaient jusqu'à fixer le nombre des fils dont devait se composer la trame. On trouve à ce sujet des détails curieux dans l'*Histoire de l'industrie française*, d'Alexis Monteil. Le collage de la chaîne, le foulage, le feutrage, le soufrage, le calendrage, tout est prévu, sans oublier la longueur et la largeur de la pièce ; et le contrevenant pouvait être condamné, en certains cas, à avoir le poing coupé, « ce qui était bien fait, car les honnêtes tisserands voulaient conserver leurs deux mains. »

Suivant la qualité des draps, la trame devait se composer de quatorze cents ou de dix-huit cents fils. Pour le drap fin destiné aux vêtements de luxe, le nombre des fils était de *trente fois cent fils;* ce qui fit donner à ce drap le nom de *trentain.*

Porter du *trentain* était donc le fait d'un homme riche qui ne regardait pas aux dépenses de toilette.

Trentain, terme technique, se métamorphosa facilement en *trente-un* dans la bouche de ceux qui ne connaissaient pas l'origine de cette appellation ; et, comme l'usage a prévalu de dire *trente-et-un,* ces mots sont restés pour désigner une toilette soignée.

Si Paris avait une Canebière ce serait un petit Marseille.

Il est possible que cette phrase typique n'ait jamais été prononcée par un fils de la vieille cité phocéenne. Mais si son extrait de naissance est faux, il faut bien avouer qu'elle a toutes les allures, tous les traits de la famille à laquelle on la rattache.

Dans le grand creuset où s'est opérée la fusion des diverses provinces de la France, on a peine maintenant à distinguer le Breton du Berrichon, le Lorrain du Bourguignon, le Flamand du Comtois. Le Gascon lui-même a presque perdu le goût âcre et capiteux de son terroir, et le jour approche où les archéologues seront obligés de faire des fouilles pour découvrir un Auvergnat. Seul le Marseillais reste entier dans le creuset comme un morceau de platine au milieu d'autres métaux en fusion. Je crois le Marseillais français, mais avant tout il est Marseillais ; il veut bien convenir qu'il existe un pays nommé France, et ce pays lui est même cher ; mais il serait difficile de lui persuader que le pays nommé France n'est pas une petite dépendance, une modeste banlieue de la grrrande Marrrseille.

Il est donc bien entendu que la France est à Marseille ce que le parc, le colombier et la maison du garde chasse sont au château. Et Marseille elle-même n'est que le manteau où se drape la *Canebière*, la tête du monde, l'encéphale d'où partent et où aboutissent les quarante-deux paires de nerfs colossaux qui font mouvoir et sentir le vaste corps du genre humain.

Evidemment, si Paris avait une Canebière, ce serait un petit Marseille. Mais il n'en a pas, l'infortuné ! et quand même il en aurait une, il serait obligé d'avoir une attitude bien humble, comme une suivante qui porte les atours défraichis de sa maîtresse.

Qu'est-ce donc que cette fameuse Canebière qui a symbolisé la vanité Marseillaise ?

C'est une rue qui aboutit au grand Port, rue fort belle aujourd'hui, mais assez laide il y a quelques années seulement. Son meilleur titre à la gloire est de s'ouvrir sur le grand bassin, que l'on peut réellement considérer comme un point central du Globe, puisqu'il lie l'Orient à l'Occident et reçoit directement les navires des cinq parties du monde.

Il est certain qu'après Constantinople, Marseille est la

ville la plus heureusement située au point de vue du commerce et de la facilité des relations.

Pardonnons donc aux Marseillais leur engoûment pour la Canebière, et disons-leur d'où vient le nom de cette rue; car il est de notoriété publique que les habitants d'une ville française connaissent mieux le nom et l'origine des rues de l'ancienne Rome que les événements auxquels la rue qu'ils habitent doit sa dénomination. Un Parisien ignore généralement que le palais des Tuileries devait son nom à *tuile* (emplacement d'une tuilerie), et un Versaillais ne sait guère que Versailles reçut sa dénomination moderne parce qu'une voiture de prince *versa* en cet endroit, à l'époque où il n'était qu'un rendez-vous de chasse.

Canebière vient de *Canèbe* (chanvre), en italien *Canapa*. L'emplacement de cette rue était autrefois occupé par des cordiers, et appartenait à une famille fort riche, la famille d'Albertas. Dès le seizième siècle, la municipalité marseillaise voulait y faire construire des maisons, mais le propriétaire exigeait du terrain un prix exorbitant. On plaida ; le procès dura cent cinquante ans, bien qu'on fût loin de la Normandie, et ce ne fut qu'en 1766 qu'un arrêt mit la ville en possession de la *Canébière*, moyennant une indemnité de douze mille francs. Le propriétaire refusa de toucher cette somme qu'un magistrat alla déposer sur les marches de l'escalier de son hôtel en exigeant un reçu du suisse, *parlant à une personne à son service.*

Les anecdotes dont la vanité marseillaise fait le fond pullulent dans les recueils d'*ana*. La suivante donnera une idée des autres.

Deux voyageurs de commerce, l'un gascon, l'autre marseillais, causaient de l'importance des affaires de leurs maisons :

Le Gascon. — Ma maison vend trente millions de vins, rien qu'en Angleterre.

Le Marseillais. — La mienne vend trente-cinq millions d'huile d'olives, rien qu'en Danemark.

LE GASCON. — Nos écritures exigent chaque année vingt-cinq mille francs de papier et mille francs d'encre.

LE MARSEILLAIS. — Dans nos bureaux, on économise cette somme rien qu'en supprimant les points sur les *i*.

Il est probable que c'est aussi à un Marseillais que l'on doit le raisonnement suivant :

Ma maison est la plus belle du village; mon village est le plus beau de la commune; ma commune est la plus belle du canton; mon canton est le plus beau de l'arrondissement; mon arrondissement est le plus beau du département; mon département est le plus beau de France; la France est le plus beau pays de l'Europe; l'Europe est la plus belle contrée du monde : donc ma maison est la plus belle du monde.

On pourrait résumer ainsi le portrait du Marseillais : Il vous serre la main avant de vous connaître; au bout de deux minutes, il est prêt à vous embrasser; il vous offre sa bourse avant que vous en ayez besoin, et il est bien capable de l'ouvrir réellement, le cas échéant. Mais s'il vous a promis cent mille francs, ne comptez que sur cent francs. C'est déjà mieux qu'en beaucoup d'autres pays. Et n'allez pas croire qu'il a été de mauvaise foi en vous offrant cent mille francs; il était absolument sincère, mais il s'est ensuite aperçu qu'il ne les avait pas, ou que, s'il les avait, ça pourrait bien le *gêner* un peu.

Une remarque à ce sujet. Les hâbleurs ont en général bon cœur, car la hâblerie suppose toujours une certaine exaltation de facultés qui, en somme, ne sont pas les plus mauvaises de l'homme. Ces facultés sont dévoyées, voilà tout. Un hâbleur croit toujours un peu aux belles choses, aux beaux sentiments dont il parle avec tant d'entrain. Et s'il n'y croit pas, s'il n'est que bêtement vaniteux, ses professions de foi le mettent toujours dans des situations d'où il ne peut se tirer convenablement qu'en conformant plus ou moins ses actions à ses théories.

Quelqu'un a dit : Tous les hypocrites portent des lunettes,

mais la plupart de ceux qui portent des lunettes ne sont pas
hypocrites. On pourrait dire également : Les hâbleurs ont
bon cœur, mais la plupart do ceux qui ont bon cœur ne sont
pas hâbleurs.

Je ferai remarquer que j'emploie ici le mot *hâbleur* avec le
sens de *grand parleur*, d'après son origine espagnole *hablar*,
parler, déclamer. Je n'ai pas trouvé d'autre mot pour rendre
ma pensée.

N. B. Dans la conversation, le proverbe *si Paris avait une
Canebière, ce serait un petit Marseille*, est assez souvent cité
comme réponse familière à une personne qui ne tarit pas en
éloges sur une chose qui lui appartient, qui ne veut rien voir
de bien et de beau qu'en ce qui la touche personnellement.

Etre comme le chien du jardinier.

D'après un vieux conte, un jardinier avait dressé un chien
à garder ses choux. Le jardinier mourut, et le chien, fidèle
à sa consigne, ne voulait laisser prendre les choux par personne.

Ce qui frappait le plus nos pères dans ce conte, c'est que
le chien ne pouvait cependant manger les choux.

D'après une autre version, le jardinier avait dressé le
chien à garder un coffre d'avoine, et, le jardinier étant mort,
le chien s'obstinait à ne pas laisser le cheval approcher du
coffre.

Quoi qu'il en soit, on compare au chien du jardinier une
personne qui ne veut ni faire ni laisser faire, un avare qui
ne veut ni dépenser ni laisser dépenser, un égoïste qui ne
veut pas céder aux autres ce dont il ne peut jouir. « Mais,
madame, s'il vous aimait vous n'en voudriez point, et cependant vous ne voulez point qu'il soit à une autre. C'est faire
justement comme le chien du jardinier. » (MOLIÈRE.)

De grand cœur.

Dans cette expression, l'adjectif *grand* n'a nullement sa signification ordinaire. Aussi faut-il ne voir dans ce mot qu'une métamorphose de *agréant*, du verbe agréer.

Nos vieux auteurs disent, en effet, *de gréant cœur*.

Faire grève.

La place de l'Hôtel-de-Ville de Paris s'appelait autrefois *place de Grève*. C'était sur cette place qu'avait lieu l'exécution des criminels ; c'était là aussi que se réunissaient les ouvriers sans travail, en attendant d'être embauchés.

Quand les ouvriers se trouvaient en contestation avec les patrons au sujet du salaire, ils quittaient leur travail et se rendaient à la place de Grève pour y chercher d'autres patrons. C'est de là qu'est venue l'expression se *mettre en grève*.

Un vieux proverbe dit : *qui grève, crève*.

Manger comme un oiseau.

Une jeune fille perd l'appétit, parce que, au lieu de faire une bonne promenade ou de prendre un exercice salutaire, elle se cache dans sa chambre pour lire des romans : on dit qu'*elle mange comme un oiseau*.

On dit la même chose d'un enfant maladif — et, en général, de toute personne qui ne mange que du bout des dents.

Si les jeunes filles, auxquelles on applique le dicton, mangeaient réellement comme des oiseaux, ce seraient des monstres, et des monstres épouvantables, plus hideux que celui qui rendit fous les chevaux d'Hippolyte, plus effrayants que tous les ogres de tous les contes des cinq parties du monde. Cacus et Polyphème pourraient abdiquer leur classique renommée en faveur de la plus sobre de nos petites pensionnaires, et Milon de Crotone, qui mangeait un veau après l'avoir promené dans le cirque sur ses épaules, trouverait son maître dans la plus vaporeuse des Parisiennes.

Manger comme un oiseau ! Mais ce serait manger chaque jour une quantité d'aliments plus considérable que le volume de son corps ! Figurez-vous une fillette de quinze ans, assise à table à vos côtés, et se faisant servir, pour son propre compte, cent livres de viande et cent livres de pain, sans compter un tonneau de fruits ou de pâtisserie pour le dessert. Cette fillette ne mangerait pas encore comme une mésange ou une hirondelle.

Vous connaissez la mésange. Dépouillé de ses plumes, le petit corps de ce mignon oiseau n'est pas plus gros que le pouce. Eh bien, ce corps minuscule peut servir chaque jour de tombeau à plus de *mille* chenilles ou insectes. La mésange mange donc, en vingt-quatre heures, une quantité d'aliments dont le volume dépasse en moyenne trois ou quatre fois son propre volume.

Le troglodyte, qui n'est guère plus gros que la mésange, suit le même régime, et il est prouvé que l'hirondelle, si elle en avait à discrétion, engloutirait facilement un millier d'insectes du lever au coucher du soleil.

Jonathan Franklin, après s'être accusé d'avoir tué une hirondelle dans sa vie, ajoute : « En ramassant ma proie inoffensive et illicite, je remarquai un grand nombre de mouches, dont les unes étaient mutilées, dont les autres, à peine blessées, s'échappaient en rampant du bec de l'oiseau mort. Le gosier et la poche de l'hirondelle semblaient farcis de ces insectes ailés, et le destructeur, détruit à son tour, finit par en dégorger une quantité incroyable. Je suis sûr de rester en deçà de la vérité, en disant qu'il y avait là une masse de mouches, prises tout à l'heure par un seul individu, et qui, pressées les unes contre les autres, auraient à peine pu tenir dans une cuiller de table... »

On ne saurait trop le répéter, le sol de la France produirait chaque année 80 millions de plus si les cultivateurs avaient le bon esprit de protéger les oiseaux qui dévorent les insectes, ennemis-nés de l'agriculture.

Mais, dira-t-on, comment des animaux si petits peuvent-ils absorber tant d'aliments?

C'est parce qu'ils digèrent extrêmement vite. Les oiseaux ont le sang très chaud, la circulation est très rapide, et l'énorme somme d'activité qu'ils dépensent constamment exige une réparation continue. L'oiseau en cage peut se rassasier, mais l'oiseau libre a toujours faim. Le contraire a lieu chez les animaux à sang froid, les reptiles, les batraciens, qui peuvent supporter de longs jeûnes sans le moindre inconvénient.

On devrait donc dire, d'une jeune fille qui semble vivre de musique et de poésie, — non pas qu'elle mange comme un oiseau, — mais qu'elle mange comme une vipère.

La vérité scientifique serait respectée. Toutefois je désespère de jamais faire adopter cette façon de parler. Et j'avoue que je ne me hasarderai jamais à l'employer pour mon propre compte.

C'est un puff. — Faire du puff, un puff. — Puffiste.

Puff (prononcez *pouf*) est un mot anglais qui veut dire bouffée, enflure, et au figuré, charlatanisme.

Puff, chez nos voisins, désigne les discours emphatiqu

la mise en scène éclatante par lesquels les charlatans, les arracheurs de dents et les clowns savent amorcer les badauds. Il désigne encore les agissements des hommes politiques et des journalistes qui s'engagent à *se pousser* mutuellement, à se piloter à tour de rôle sur l'océan houleux de la popularité.

D'où il faut conclure qu'il y a en Angleterre des journalistes et des hommes politiques qui ne procèdent pas autrement que les marchands d'orviétan et de poudre de perlimpinpin.

Ces choses-là sont absolument inconnues en France ; et la preuve, c'est que nous n'avons pas de mot correspondant à *puff*.

Le *puffiste* est celui qui fait un *puff* ou des *puffs*. Un bon *puffiste* est celui qui trouve moyen de vendre fort cher ce qui lui coûte très bon marché ; — un *puffiste* parfait est celui qui vend horriblement cher ce qui ne lui coûte rien, — et le *puffiste* idéal est celui qui réalise de beaux bénéfices sans rien livrer à l'acheteur.

Ils étaient *puffistes* les trois marchands du conte :

Le premier volait la matière première de sa marchandise ; — le deuxième volait la marchandise toute confectionnée ; — le troisième ne volait rien, mais il trouvait moyen de se faire payer à l'avance, sans rien livrer, ce qui lui faisait encore une économie de travail, de personnel et de frais de magasin.

Il y a des *puffistes* dans toutes les classes de la société, en haut, en bas, au milieu, surtout dans les zones intermédiaires, dans les pénombres, qui ne sont ni le haut, ni le bas, ni le milieu. — Mais il reste bien entendu que les opérations appelées *puffs*, et les personnages appelés *puffistes* ne se rencontrent qu'en Angleterre. Nos journaux sont vierges de *puffs* et de noms de *puffistes*.

Si, l'un de ces jours, on nous invite à prendre une action de la Société pour la moralisation des matous, ou de la Société pour l'application de la force motrice des anguilles de mer à la traction des *steam-boats*, souscrivez les yeux fermés. Vos capitaux seront en sûreté.

N.-B. — Ne pas confondre le mot anglais *puff* avec notre onomatopée *pouf*, qui désigne le bruit que fait une chose en tombant.

Le seul rapprochement possible entre ces deux mots, c'est qu'un *pouf* est la conséquence ordinaire d'un *puff*.

Tabac de la Civette.

> Quoi qu'en dise Aristote, et sa docte cabale,
> Le tabac est divin ; il n'est rien qui l'égale...
> Il purge, réjouit, conforte le cerveau ;
> De toute noire humeur promptement le délivre ;
> Et qui vit sans tabac n'est pas digne de vivre.

C'est Sganarelle qui dit cela, et les priseurs ne pourront que se féliciter de la consultation d'un médecin si autorisé.

Admettons donc que le tabac est divin, et disons au priseurs pourquoi on a donné le nom de *Civette* à un débit de tabac, situé à Paris, près du Théâtre-Français, et dont la renommée est si bien établie que quantité de débits en province ont pris la même enseigne.

La civette est un quadrupède qui tient du chien, du loup, du renard, du chat, de l'hyène, et d'autres bêtes encore. C'est l'arlequin des quadrupèdes. Il vit dans les pays chauds. Il répand un parfum très fort et rend une liqueur odorante, épaisse, d'une consistance semblable à celle des pommades, et dont le parfum, quoique violent, est agréable au sortir même du corps de l'animal. La matière des civettes ne doit pas être confondue avec le musc, qui est une humeur sanguinolente qu'on tire d'un animal tout différent de la civette, espèce de chevreuil sans bois, ou de chèvre sans cornes.

« Le parfum de ces animaux est si fort, qu'il se communique à toutes les parties de leur corps : le poil en est imbu, et la peau pénétrée au point que l'odeur s'en conserve longtemps après leur mort. Les civettes sont naturellement farouches, et même un peu féroces ; cependant on les apprivoise aisément, au moins assez pour les approcher et les manier sans grand danger. » (BUFFON).

Dans le commerce, on entend par *civette* la matière fournie par l'animal de ce nom.

Quelques particules de civette placées dans un vase destiné à renfermer le tabac à priser, lui donnent le parfum si prisé des priseurs.

Et voilà ce que l'homme met dans son nez, ou plutôt contre quoi il met son nez.

C'est un loustig.

La plupart de nos auteurs écrivent *loustic;* quelques-uns *loustig*.

Cette dernière orthographe est plus conforme à l'origine du mot.

Loustic ou *loustig* vient de l'allemand *lustig* (prononcez *loustig*), qui signifie joyeux, badin, farceur.

Nous avions toujours cru que si le *loustig* avait emprunté son nom aux Allemands, il avait borné là ses emprunts et ne leur devait aucun des autres caractères qui en ont fait un véritable type, à l'armée, à la ville, même au village. Il paraît que nous nous trompions ; du moins, c'est l'avis de M. L. Viardot : « Il y avait dans notre compagnie un plaisant de profession qui m'avait piqué au jeu... Il nous offrait le type achevé d'une espèce d'hommes toute particulière à l'Allemagne, comme le *majo* à Séville, le *lazzarone* à Naples, et le *dandy* à Londres. Nous connaissons en France, au moins par ouï-dire, le *loustig* de régiment...; mais nous ne connaissons pas le *loustig* de village. C'est une variété du genre militaire. Venu de l'armée, passé dans la *landwehr*, et rentré dans ses foyers villageois, le *loustig* est devenu aussi nécessaire à la bonne organisation d'une commune allemande que le pasteur et le bourgmestre.. Notre homme était le *loustig* en exercice, et depuis longtemps, quoiqu'il fût encore jeune. Un jour, sur le marché de Donhofer-Platz, à Berlin, passait un conseiller de cour (*hofrath*)... Outre son titre honorifique, ce conseiller possédait un gros dogue, et son dogue, comme son titre, le suivait partout. En furetant le long des baraques du marché, le dogue trouva tout ouverte une cage à lapins de choux, et passant par la porte son large museau, il étrangla méchamment l'une des innocentes bêtes. Grande rumeur ! La marchande jette les hauts cris et rassemble des témoins pour réclamer devant le magistrat les dommages-intérêts auxquels donnait ouverture le meurtre de son lapin. L'*hofrath* ne savait quelle contenance faire au milieu de la bagarre. En vain il alléguait son titre ; son dogue était évidemment coupable. Tout à coup il se sent tirer par le pan de l'habit : « Monsieur, lui dit un petit paysan tendant la main d'un air narquois, donnez-moi deux sous (un *grosch*), et je dirai au juge que c'est le lapin qui a commencé. » Ce gamin, digne d'être de Paris, était notre *loustig*... Il était fort amusant dans ses manières et même dans ses propos. Au moment où je l'aperçus, il achevait de manger une rôtie de graisse d'oie, et, les lèvres luisantes, il allumait avec délice et majesté un cigare de la Havane que lui avait donné l'un des chasseurs. « Ce n'est pas, nous dit-il, entre deux bouffées, le premier cadeau que je reçois de ce digne homme ; à la Saint-Martin, il m'a donné toute une livre d'excellent tabac. D'abord, pour faire durer le plaisir, je l'ai mêlé avec une autre livre de mon tabac ordinaire ; et puis, comme il faut généreusement partager avec ses amis et connaissances le peu de satisfactions que l'on trouve en ce pauvre bas monde, j'ai invité tous les gens du village à venir me sentir fumer. » (*Souvenir de chasse en Prusse.*)

Cela rappelle le mot du loustig parisien :

— Tu sais, Auguste, nous n'avons qu'une pipe et qu'une pincée de tabac. Je vais fumer, tu cracheras.

En France, l'appellation de *loustig* s'applique, en général, à tout individu qui, dans une réunion, dans une société quelconque, a le monopole des bons mots : il y a le loustig de l'atelier, le loustig du magasin, le loustig du bureau, le loustig du régiment, même le loustig de la ferme.

Un jour un riche propriétaire visitait une de ses fermes. Il rencontre un jeune gars tenant de chaque main un cheval fougueux et ne semblant même pas se douter que le maître était devant lui :

— Pourquoi ne me salues-tu pas ? demande le propriétaire d'un air sévère.

— J'y songeais, Monsieur. Si vous voulez bien tenir les chevaux, j'ôterai mon bonnet.

Fine champagne.

Le vieux mot *champaigne* signifiait *plaine*, terrain plat, sans bois.

Ce nom fut donné à cette partie de l'est de la France où l'on ne rencontre pour ainsi dire aucune montagne. Nous disons aujourd'hui Champagne.

De *champaigne* est encore venu *campagne* dont le sens moderne est fort étendu.

L'appellation de *fine champagne* donnée aux meilleures eaux-de-vie de Cognac n'a rien de commun avec le nom de la province appelée Champagne. Elle vient de *champaigne* (plaine), parceque les vins qui servent à fabriquer ces eaux-de-vie sont récoltés dans les plaines et non sur les coteaux. *Fine champagne* est une abréviation de : fine eau-de-vie de vin de plaine. — On sait que les Charentes sont peu boisées, peu montagneuses, et fertiles en vin propre surtout à faire de l'eau-de-vie.

De guerre las — lasse.

A moins que vous n'apparteniez à la plus belle moitié du genre humain, ne dites pas : *de guerre lasse*, mais : *de guerre las*.

Si vous cédez sur une question ou sur une affaire d'intérêt, parce que vous êtes fatigué, ennuyé de disputer, de chicaner, de faire la guerre, c'est vous qui êtes las de la guerre.

Cette vicieuse façon de parler est si commune que nous avons cru devoir la signaler.

Hors de ligne.

Ne dites pas : C'est un talent hors ligne — une œuvre hors ligne.

Ces façons de parler ne sont pas françaises.

Hors, tout seul, suivi d'un substantif, signifie excepté, hormis. *Hors ligne* voudrait donc dire : *excepté ligne*, ce qui n'a pas de sens.

Hors de signifie : qui sort de..., qui est en dehors de... Un talent *hors de ligne* est donc un talent qui sort de la ligne ordinaire, du niveau ordinaire.

Filer le parfait amour.

Hercule avait à peu près trente-trois ans lorsqu'il termina le dernier des douze travaux que l'oracle de Delphes lui avait ordonné d'exécuter, pour expier quelques peccadilles de jeunesse, en particulier le meurtre de ses trois enfants.

Heureux d'avoir donné satisfaction à la justice des dieux, la conscience en repos, il comprit que le moment était venu de se ranger et de vivre en honnête homme. Il commença donc par répudier sa femme et, comme on lui refusait la main d'Iolé, fille du roi Eurytus, il tua le frère de la jeune fille.

L'oracle de Delphes, n'admettant pas cette façon de se ranger, ordonna au turbulent Hercule de se vendre comme esclave. Hercule dut obéir, et fut acheté pour le compte d'Omphale, reine de Lydie. Il se distingua si bien dans une guerre, qu'Omphale le fit comparaître devant elle et, sans cérémonie, lui offrit son cœur, qu'il accepta également sans cérémonie. Mais Omphale était capricieuse, et fit subir au redoutable héros toutes sortes d'avanies, auxquelles il se prêta, d'ailleurs, de bonne grâce. Par exemple, elle lui passait son aiguille et lui ordonnait de coudre des agrafes ; lui tendait sa quenouille et le forçait à filer. « Tandis qu'Omphale, couverte de la peau du lion de Némée, tenait la massue, Hercule, habillé en femme, vêtu d'une robe de pourpre, travaillait à des ouvrages de laine et souffrait qu'Omphale lui donnât quelquefois de petits soufflets avec sa pantoufle. » (LUCIEN.)

Fénélon fait dire à Philoctète : « Je suivais partout le grand Hercule, qui a délivré la terre de tant de monstres, et devant qui les autres héros n'étaient que comme sont les faibles roseaux auprès d'un grand chêne, ou comme les moindres oiseaux en présence de l'aigle. Ses malheurs et les miens vinrent d'une passion qui cause tous les désastres les plus affreux, c'est l'amour. Hercule, qui avait vaincu tant de monstres, ne pouvait vaincre cette passion honteuse ; et le cruel enfant Cupidon se jouait de lui. Il ne pouvait se ressouvenir, sans rougir de honte, qu'il avait autrefois oublié sa gloire jusqu'à filer auprès d'Omphale, reine de Lydie, comme le plus lâche et le plus efféminé de tous les hommes ; tant il avait été entraîné par un amour aveugle. Cent fois il m'a avoué que cet endroit de sa vie avait terni sa vertu, et presque effacé la gloire de tous ses travaux. » (TÉLÉMAQUE.)

La locution *filer le parfait amour* n'a cependant pas le sens que semble lui attribuer son origine. Généralement, elle signifie : avoir en tête quelque amour romanesque — ou bien : persister dans une affection. On dira d'un jeune homme qui aura fait trois ans la cour à une jeune fille avant de pouvoir obtenir sa main, — qu'il a filé pendant trois ans le parfait amour.

Quelquefois cette locution est ironique.

Hercule filant aux pieds d'Omphale symbolise l'homme de mérite qui s'oublie dans une passion indigne de lui. Les Omphales de nos jours ont, comparativement à leur devancière, des désavantages marqués : d'abord, elles ne sont pas reines, mais généralement filles de portières ; ensuite, leurs adorateurs sont quelquefois obligés de filer... jusqu'à la frontière.

Shocking !

Shocking (pron. *chokigne*) est le participe présent du verbe anglais *to shock*, choquer, offenser. Ce mot, employé comme exclamation, signifie à peu près : fi donc ! — c'est contraire au décorum, à la décence !

Comme nous n'avons pas de mot correspondant exactement à *shocking!* cette expression commence à s'acclimater chez nous.

Toutefois, nous ne donnons pas à *shocking* la même acception que les Anglais. Ils l'emploient toujours fort sérieusement, et nous ne l'employons qu'en plaisantant.

Pour un Anglais, une chose *shocking* est une chose qui offense la pudeur, qui sort du bon ton. Pour un Français, c'est une chose qui n'offense rien du tout, bien que dite en termes vulgaires.

Cette différence dans l'emploi de *shocking* tient à ce que le mot *décence* ne représente pas la même chose des deux côtés du détroit. Nous avons certainement tout autant de pudeur que les Anglais, mais nous avons moins de pruderie.

Chez nous, un monsieur dira fort bien, sans offenser les oreilles de sa famille ou de ses amis : Jeannette, il manque deux boutons à mon pantalon. — En Angleterre ce serait horriblement *shocking*. — Une dame française dira fort bien à sa domestique : Avertissez la blanchisseuse qu'il manque au linge de mon mari une chemise et deux caleçons. — A Londres, tout le quartier se voilerait devant de telles horreurs : la femme qui tiendrait ce langage serait notée d'infamie, et la blanchisseuse se refuserait certainement à servir une pareille cliente.

Mais, me direz-vous, comment s'y prend un Anglais qui veut faire remettre des boutons à son pantalon, ou une Anglaise qui réclame à sa blanchisseuse une chemise et des caleçons perdus ?

Nos voisins ont différentes manières de sauver la décence; d'abord les périphrases, ensuite les signes, enfin les subterfuges qui consistent à employer des intermédiaires que leur métier astreint moins sévèrement au décorum. Je suppose donc qu'un Anglais bien élevé, lorsqu'il manque un bouton à son pantalon, appelle son domestique, lui montre du doigt le point malade et lui fait signe de l'emporter. Le domestique va trouver la bonne, et fait la même pantomime que son maître; la bonne prend une aiguille, répare le dommage, et le domestique s'en va. Tout s'est passé en silence, et la décence est sauve. Respirons !

A proprement parler, il n'existe pas, en anglais, de mots pour désigner le linge de corps. Le mot *shirt*, employé pour désigner une chemise d'homme, signifie au radical *couverture, cotte*; le mot *shift*, employé pour désigné une chemise de femme, signifie *change, stratagème*, etc. Quand au mot *drawers*, caleçon, il signifie *tiroirs, tubes*, comme qui dirait : les tiroirs, les tubes des jambes. C'est sans doute de l'anglais que les loustigs parisiens se sont inspirés en appelant un pantalon *fusil à deux coups*.

Vous me direz peut être que je suis payé par une société évangélique pour vous faire croire que la modestie chrétienne ne se rencontre que parmi les protestants; et vous ajouterez que vous avez vu en voyage des Anglais fumer au nez de nos dames, se camper à cheval sur les chaises de nos hôtels, *s'asseoir sur le dos* et se tenir les jambes en l'air sur la rampe de nos bateaux à vapeur; bien mieux, ôter leurs souliers dans un wagon rempli de monde et mettre leurs pieds à l'aise sur le coussin d'en face avec autant de candeur qu'une jeune Française y placerait un joli bouquet fraîchement cueilli dans les champs où elle vient de s'ébattre.

Tout cela est vrai, mais ce n'est pas *shocking*. Il s'agit de s'entendre sur ce qu'on appelle décence. Le *mot* et la *chose* ne font qu'un pour vous; pour l'Anglais, c'est deux.

M. Francis Wey, dans son intéressant ouvrage *Les Anglais chez eux*, va nous apprendre ce qu'on entend par *décence* de l'autre côté de la Manche. Vous verrez par là que notre vieux proverbe a raison de dire qu'il faut savoir distinguer entre fagots et fagots :

« A Brighton, où j'ai passé deux jours, un Anglais sait se divertir; un étranger ne respire que l'argent et l'ennui. L'été, c'est une ville de bains de mer; l'hiver, une ville de bains d'eau tiède... Dans la belle saison, on se baigne à la mer, devant le quai, qui sert de promenade à la société des deux sexes. Les hommes vont à l'eau complètement nus, ce dont je fus surpris, connaissant la pruderie anglaise. Comme la jetée était peuplée de belles dames, je demandai un *caleçon*. Nommer un tel objet, c'est faire scandale; le caleçon est *shocking*, et, de peur de choquer cette pudeur bizarre, on n'en met point.

» Combien je fus édifié par cette explication! C'était, il m'en souvient, un dimanche, à l'heure où l'on sort des églises, et de longtemps je n'oublierai ce bain dont j'ai craint de ne pouvoir sortir. On m'avait conduit, pour me déshabiller, dans un de ces cabinets juchés sur un essieu à deux roues que l'on charrie jusqu'à la mer et d'où il faut descendre par six échelons. Pour aborder la vague tout se passa bien; les planches de ce cabriolet cellulaire tiennent lieu de rideau. Par malheur, je m'avisai d'aller, en nageant, assez loin pour contempler de la pleine mer les quais et les maisons de Brighton. C'était l'heure où la marée descend, et quand il fallut regagner la rive mon cabinet roulant, qui naguère plongeait dans les flots jusqu'au moyeu des roues, se trouvait à sec à quinze pas au-dessus du niveau de l'eau.

» Pour mettre le comble à mon embarras, trois dames, une mère et ses deux filles, jeunes personnes d'un aspect décent, et l'une et l'autre jolies, étaient venues s'asseoir sur un banc de fer situé à côté de ma cabine; si bien que, pour sortir du bain, je ne pouvais éviter de passer devant elles. Ces dames avaient leur Bible à la main; elles revenaient apparemment du prêche, et elles me regardaient nager avec une sérénité parfaite.

» Pour les avertir, sans les offenser, je m'approchai du rivage, me tenant accroupi et ne laissant hors de l'eau que mes épaules. J'arrivai de la sorte assez près d'elles; si je me fusse dressé tout debout, j'aurais eu de l'eau jusqu'aux genoux. On n'a pas oublié que j'étais dépourvu de tout vêtemont *shocking*, et je n'avais pas, comme le sage Ulysse abordant dans l'île des Phéaciens, la ressource de me vêtir d'un caleçon de feuillage. Jugeant donc, à l'immobilité de ces dames, qu'elles ne devinaient pas mon intention, je regagnai la lame en rampant et me remis à nager. Mais on ne peut nager éternellement, tandis qu'on peut sans fatigue rester bien des heures assis sur un banc. Ces dames ne se lassaient pas de se reposer.

» La situation était d'autant plus perplexe, que sir Walter C..., mon hôte à Brighton, m'attendait sur la plage et ne cessait de me crier : — Habillez-vous donc ; il est deux heures, et ma mère n'aime pas à retarder le moment du déjeuner.

» Prolonger cette baignade interminable était presque impoli, et l'on ne pouvait y mettre fin sans indécence. Il fallut avouer mon scrupule, ce qui me fut malaisé, car sir Walter s'obstinait à m'écouter de loin, et j'eus toutes les peines du monde à le faire approcher.

» — N'est-ce que cela? s'écria-t-il, mon très cher, nous ne sommes pas en France, et nos dames ne donnent aucune attention à ces niaiseries-là.

» — Considérez donc qu'il faut passer aussi proche d'elles que si j'allais les saluer.

» — Considérez aussi qu'elles ne peuvent s'éloigner sans paraître attacher à cette situation une importance qui les compromettrait.

» L'argument était original; il fallut s'en contenter. Je me levai lentement, et, cherchant une contenance à la fois insouciante et modeste, évoquant les traditions perdues de l'innocence des premiers âges du monde, je défilai devant les trois dames immobiles qui ne daignèrent pas détourner la vue. Seulement, je sentis que j'étais devenu très rouge; ce qui aura donné de ma candeur une médiocre idée : la pudeur anglicane est pâle. Si j'avais eu le pouvoir de Diane, qu'avec plaisir je leur aurais jeté de l'eau au nez pour les changer en bêtes cornues et venger le chasseur Actéon !

» Quand nous fûmes de retour au logis, sir Walter égaya du récit de ma mésaventure sa femme, qui me dit : — Rassurez-vous, ces dames sont honorables, mais dévotes et puritaines. Comme elles n'approuvent point qu'on se baigne le dimanche, elles se sont campées là à dessein, afin que votre embarras vous servît d'enseignement.

» Voilà, certes, la plus étrange leçon de morale et le plus singulier exemple de ferveur religieuse que l'on ait jamais cités !

» Peut-être aurais-je omis cet incident, s'il ne se rattachait à d'autres observations sur la pruderie anglaise. A vrai dire, elle se prend surtout aux mots : la pupart du temps, la décence bénévole se laisse sauver par une périphrase, et l'art de faire tout deviner sert de contrepoids à la rigidité du vocabulaire...

» Quand les Anglais ne sont pas de glace, ils sont sujets à tomber dans le dévergondage. Les mœurs publiques traduisent nettement ces penchants extrêmes. La famille est rigide et bien close, la mise en scène du vice s'étale en public avec crudité. Il suffit pour s'en convaincre de s'égarer en plein jour au milieu des parcs de Londres.

» Ainsi, la pruderie n'est guère qu'une convention : la forme est sévère, les mots sont voilés, le langage est intolérant; mais, en réalité, la pudeur n'est que revêche, elle manque de sincérité. »

Conclusion : Ne vous avisez pas de parler de crème fouettée devant des Anglais; ils croiraient que la crème a, comme les enfants indociles, un endroit que l'on fouette, et que l'impudente a laissé voir cet endroit, ce qui serait le comble du *shocking*.

Les Français, eux, mangent la crème, sans penser à mal; ils mangent même des pets de nonnes, et l'absorption de ces bons beignets soufflés n'a jamais fait naître dans leur imagination la moindre idée irrévérencieuse.

La décence est comme la politesse; elle a sa source dans

le cœur; en général, les mots, par eux-mêmes, ne sont pas indélicats; tout dépend de l'idée qu'on y attache. Il est même à remarquer que les personnes dont le langage est un peu cru, sont moins sujettes à caution que les mijaurées dont la langue ne se permettrait pas le moindre écart, mais dont la pensée libertine ne laisse échapper aucune occasion de souligner, par un geste ou un coup d'œil, des mots anodins sous lesquels elles trouvent moyen de découvrir une grivoiserie.

Ces personnes sont le fléau des sociétés et des familles. Elles ont fait rougir plus de jeunes fronts que toutes les crudités des vieux soldats. Le pire, c'est qu'il ne faut pas essayer de se justifier avec elles; elles vous répondent obstinément : Mais si! mais si! j'ai parfaitement saisi; c'est très leste, mais c'est très joli. Il ne faut pas recommencer, mon enfant.

Elles ressemblent, pour l'obstination, à ce commensal du marquis de Bièvre qui voulait absolument trouver un calembourg dans chaque parole de son ami.

— Voilà des côtelettes délicieuses, j'y reviens, dit un jour le marquis en déjeunant.

— Pour le coup, je ne comprends pas celui-là, fit le commensal.

-- Qu'est-ce que vous ne comprenez pas?

— Ah! pardon, je saisis maintenant; délicieux! délicieux!

Ce qu'il dut y avoir de plus saisi dans l'affaire, ce fut le marquis.

Avoir trop d'esprit pour vivre.

Il mourra jeune ! — Il ne vivra pas ! — Il a trop d'esprit pour vivre ! — sont des façons plaisantes, mais un peu ironiques, de qualifier quelqu'un qui peut avoir de l'esprit, mais qui vise surtout à montrer qu'il en a.

Il nous semble, sans pouvoir l'affirmer, que ces façons de parler ont leur origine dans l'antiquité, et qu'un poëte grec ou latin a dit à peu près ce qui suit : « Ceux qui sont aimés des dieux meurent jeunes. »

Quoi qu'il en soit, Madame de Sévigné a contribué à vulgariser ces phrases proverbiales en disant de l'abbé de Montigny, de l'Académie française : « C'est un dommage extrême que la mort de ce petit évêque; il avait un des plus beaux esprits du monde pour les sciences : c'est ce qui l'a tué; comme Pascal, il s'est épuisé. »

Casimir Delavigne a traduit ainsi l'adage populaire :

Quand ils ont tant d'esprit, les enfants vivent peu.

Il ne serait pas impossible que la mort prématurée de Raphaël et de Pic de la Mirandole eût, avant celle de Pascal, contribué à propager le proverbe, sinon à le créer. Disons toutefois que ce proverbe n'est guère étayé sur l'histoire. Si quelques grands hommes sont morts jeunes, nombre d'autres sont parvenus à une verte vieillesse.

Chanter la palinodie.

C'est se rétracter, ou mieux, faire l'éloge de ce qu'on a blâmé.

Palinodie vient de deux mots grecs qui signifient *chanter de nouveau, nouveau chant, nouvelle chanson*. Nos expressions familières : *c'est une autre chanson — chanter sur un autre ton — déchanter*, sont des versions de *palinodie*.

Les Latins disaient *palinodiam canere*, ou *recantatio*; et ces formules étaient imitées du grec, puisque *chanter la palinodie* est une locution grecque, très ancienne.

On lui assigne l'origine suivante.

Le poëte Stésichore avait composé un poëme sur les aventures de la belle Hélène.

Quelques vers faisaient l'éloge de la beauté de l'épouse de
Ménélas ; mais les autres, et c'étaient les plus nombreux,
parlaient de sa vertu à peu près dans les mêmes termes que
les auteurs de la pièce jouée tant de fois, ces dernières
années, au Théâtre des Variétés. Bref, Stésichore disait
qu'Hélène était une belle créature, mais que son époux n'aurait pu entrer dans le temple de Minerve, malgré la hauteur
des portiques.

Stésichore n'avait pas réfléchi qu'il est toujours imprudent
de dire du mal d'une jolie femme. Il n'avait pas pensé non
plus que Castor et Pollux, frères d'Hélène, avaient été,
depuis quelque temps, promus au rang de divinités, et que
des dieux n'aiment pas plus à entendre clabauder sur leur
famille qu'un parvenu n'aime à entendre parler de poirier.
Castor et Pollux, pour venger la réputation de leur sœur,
frappèrent Stésichore de cécité. Cela ne prouve pas qu'ils
fussent bien intelligents ; car de ce fait que Stésichore devenait aveugle, il ne résultait pas du tout qu'Hélène eût été
vertueuse. De plus, Castor et Pollux montraient qu'il n'y a
que la vérité qui offense.

Stésichore, devenu aveugle. sans trop savoir pourquoi,
car les deux jumeaux ne l'avaient pas prévenu, alla trouver
un oracle qui le mit au courant de la situation, et lui in-
diqua le moyen d'en sortir. Le poëte se mit alors à composer
un nouveau poëme où il déclara, non-seulement qu'Hélène
était une admirable femme, mais que Ménélas avait été le
plus fortuné des maris, car la vertu de son épouse était com-
parable aux cuirasses des navires qui, trois mille ans plus
tard, devaient faire l'orgueil des chantiers de Brest et de
Toulon.

Stésichore recouvra la vue à la minute même où il trouva
le dernier pied du dernier vers de son poëme.

Il suffit d'ouvrir les journaux et les brochures politiques
de nos jours pour s'assurer que le mot *palinodie* n'a pas de
raison de disparaître de nos lexiques. Evidemment, on peut

se tromper, et il est honorable de reconnaître son erreur. Mais trop d'écrivains se trompent volontairement, se disant en eux-mêmes : je me rétracterai, mais il restera toujours quelque chose de ma première assertion.

L'écrivain qui, sciemment, écrit une ligne calomnieuse contre une personne ou une catégorie de personnes, est un lâche. Il est plus méprisable que le voleur qui escalade une fenêtre, car ce dernier sait pertinemment qu'on peut le recevoir à coups de fusil, que, s'il est pris, il n'en sera pas quitte en disant : ma bonne foi a été surprise.

Tout homme qui tient une plume, si petite qu'elle soit, devrait bien se pénétrer de cette pensée, qu'il revêt une partie des fonction du père de famille, de l'instituteur, du prêtre, du magistrat et du soldat, et que la ruine menace toute société où ces fonctions-là ne sont plus prises au sérieux.

Le nombre des fous est infini.

C'est la Bible qui dit cela, et la Bible n'a pas tort, car il y a trois mille ans que cette phrase a été écrite, et personne ne songe encore à s'inscrire en faux contre l'affirmation sèche et brutale qu'elle jette à la face des orgueilleux humains.

Pourquoi ce respect pour cette partie du texte sacré, attaqué d'ailleurs jusque dans ses moindres particules ? C'est fort simple ; chacun de nous dit : *Le nombre des fous est infini...* oui, mais il n'y a pas de règle sans exception. — Et chacun pense au fils de sa mère.

Presque toujours on cite cette phrase sous sa forme latine : *Stultorum infinitus est numerus.*

Elle se prête à des applications très fines, dont voici un exemple :

Un jour, Charles Du Perrier — le neveu de celui auquel

Malherbe adressa les strophes si connues — se plaignait à
d'Herbelot des critiques dont ses vers étaient l'objet : « Il n'y
a, dit-il, que les sots qui n'estiment pas mes vers. » D'Her-
bolet répondit froidement : *Stultorum infinitus est numerus.*

Ce Charles Du Perrier avait deux manies dangereuses :
celle de faire de mauvais vers qu'il croyait bons, et celle de
les réciter de force à tous les gens que le hasard mettait sur
son chemin. On raconte même qu'il n'allait à l'église que
pour être sûr d'y rencontrer quelque personne bénévole dans
l'oreille de laquelle il pourrait insuffler ses rimes, et qui, vu
la sainteté du lieu, n'oserait lui crier : Mais laissez-moi donc
tranquille ! C'est lui que Boileau a eu en vue lorsqu'il dit :

> Gardez-vous d'imiter ce rimeur furieux,
> Qui, de ses vains écrits lecteur harmonieux,
> Aborde, en récitant, quiconque le salue,
> Et poursuit de ses vers les passants dans la rue.
> Il n'est temple si saint, des anges respecté,
> Qui soit contre sa muse un lieu de sûreté.

Boileau parlait d'expérience, car, pendant toute une messe,
Du Perrier l'avait torturé en lui récitant une ode que l'Académie n'avait pas voulu couronner, s'arrêtant à chaque
strophe, à chaque vers, et lui en faisant remarquer les
beautés.

C'est ce même Du Perrier qui remporta, en 1681, le prix
d'*églogue* à l'Académie française, sans doute parce que le
sujet était de nature à écarter les hommes d'esprit. Voici, en
effet, ce sujet plus que ridicule : « On croit toujours sa Majesté tranquille, quoique dans un mouvement perpétuel. »

Qui va bête à Paris n'en revient que plus bête.

Ce proverbe existe dans plusieurs provinces, sous des
formes diverses,

Celle-ci, la plus élégante de beaucoup, est due à un poëte provençal du dix-huitième siècle, Jean-Baptiste Coye. L'un de ses rivaux lui reprochait de n'avoir jamais vu Paris; il lui répondit par une épître où le proverbe est ainsi énoncé :

> Eh! pauvre fanfaron, grave-le dans ta tête :
> Qui va bête à Paris, n'en revient que plus bête.

Mettre à la sauce Tartare.

J'ignore la recette de la sauce tartare ; j'ignore même si cette recette vient de la Tartarie ou du boulevard des Italiens, ce qui est plus probable : *tartare* est un mot sonore, et il fait allusion à quelque chose de lointain, deux excellentes conditions pour faire fortune. Il est certain en effet qu'un bourgeois, fraîchement débarqué à Paris, s'il va déjeuner au Café Anglais, lorsqu'on lui présentera la carte et qu'il verra ces mots belliqueux : *sauce tartare,* se hâtera de demander quelque chose à la sauce tartare, trouvant trop prosaïque de parler de sauce blanche ou de sauce au vin, choses connues jusqu'au fond des campagnes.

Je crois bien que la sauce tartare n'est que de la sauce au vin. Ce qui n'empêche pas qu'il n'y ait une énorme différence entre sauce tartare et sauce au vin. Et qui oserait soutenir que la sauce tartare n'est pas plus délicate, plus stimulante que la sauce au vin ? *Tartare!* ce mot seul fait rêver aux steppes de l'Asie, aux herbes aromatiques qui y croissent spontanément sous les chauds rayons d'un soleil généreux ; il évoque les idées de courage, d'ardeur, d'aventures terribles, de férocité. Pour peu qu'on soit lettré, il fait apparaître au milieu de la sauce l'image de Gengis-Khan, le dévastateur, le nouvel Attila, promenant à travers l'Asie ses hordes sauvages. Evidemment, sous de telles impressions, on éprouve le besoin de dévorer quelque chose. Une prosaïque sauce au vin ne produirait jamais le même résultat, et l'on ne mangerait que du bout des dents.

C'est surtout le gros poisson de rivière, l'anguille particulièrement, que l'on accomode à la sauce tartare. Et comme l'anguille, pour être mise à la sauce, doit être préalablement coupée en morceaux, il en résulte que *vouloir mettre quelqu'un à la sauce tartare*, c'est vouloir le hacher, le couper en morceaux, en d'autres termes, être furieux contre lui.

C'est à peu près la même chose que *mettre en capilotade*.

Dix pistoles.

Il n'est pas rare d'entendre encore, sur nos marchés de province, les acheteurs ou vendeurs compter par *pistoles*, et dire *dix pistoles, vingt pistoles, cent pistoles,* au lieu de 100 fr , 200 fr., 1,000 fr.

Il n'y a jamais eu en France de monnaie appelée *pistole* et valant dix francs.

La coutume de compter par pistoles s'introduisit chez nous après le mariage de Louis XIV. La dot de la jeune reine, Marie-Thérèse d'Autriche, fille de Philippe IV, roi d'Espagne, avait été payée en *pistoles* d'or d'Espagne dont la valeur était de dix livres de France. On ne jugea pas nécessaire de refondre ces monnaies, et on les mit en circulation, sous leur nom espagnol, avec un cours de dix livres. Au milieu du dernier siècle, il n'en restait plus que quelques unes dans le commerce.

Pistole est entré dans la locution *être cousu de pistoles* (avoir beaucoup d'argent), parce que quelques courtisans, pour plaire à la jeune reine, portaient à leur habit des pistoles en guise de boutons.

Aga !

Cette exclamation, encore usitée dans la plupart des provinces, signifie : Tenez, regardez, voyez !

C'est une abréviation de l'impératif du vieux verbe *agarder*, qui avait à peu près le même sens que *regarder*, et la même racine italienne, *riguardare*.

Agarder a disparu de nos lexiques, mais s'est maintenu, sous une forme vicieuse, dans le langage populaire. Il n'est pas absolument rare d'entendre dire : *Argardez donc!* pour *regardez donc!*

Les murs suent. — Il fait un froid sec.

Tout le monde a pu remarquer que, à certains moments, sous l'influence de certaines variations de température, les murs se couvrent d'une couche d'humidité qui se présente tantôt sous l'aspect d'une gelée blanche, tantôt sous la forme de gouttes d'eau qui ruissellent le long des parois.

On dit alors que les *murs suent*.

Les murs peuvent *suinter* ; cela arrive lorsque la construction est récente et que l'eau contenue dans le mortier n'est pas encore évaporée. Mais, une fois cette évaporation opérée, les murs cessent de *suinter*, à moins qu'ils ne se trouvent adossés à un mur humide.

Quant à *suer*, ils ne suent jamais.

D'où vient donc cette eau que l'on voit, à certains moments, ruisseler le long des murs, à l'extérieur des maisons, quelquefois même à l'intérieur.

Cette eau, c'est tout simplement de la pluie, bien que, généralement, elle se montre sans qu'il pleuve.

Allez à la cave, rapportez-en une bouteille et placez-la dans un endroit chaud : les parois de la bouteille se couvriront immédiatement d'une couche d'humidité.

Les parois des murailles sont dans le même cas que les parois de la bouteille.

En hiver, un abaissement de température, surtout quand il se prolonge quelque temps, condense presque toute la vapeur d'eau disséminée dans l'air; aussi l'atmosphère est-elle très sèche par un temps de gelée, et la science ne dément pas le langage populaire dans cette façon de parler : *il fait un froid sec*. Mais, si la température s'élève tout-à-coup, la vapeur d'eau monte de la surface du sol, se dilate, s'épand et sature l'air. L'air s'échauffe vite, parce que ses molécules se déplacent facilement; mais les pierres des murailles, dont les molécules ont peu de liberté, sont fort lentes à s'échauffer : de sorte que, après une période de froid, l'air peut être déjà réchauffé par un courant chaud, tandis que les pierres des murailles sont encore froides, surtout si elles se trouvent au nord ou à l'ombre.

Alors, l'air chaud touchant la muraille froide y laisse une partie de sa vapeur d'eau qui se condense immédiatement et revient à l'état d'eau.

Les parois de la muraille ne cesseront de convertir en eau la vapeur d'eau répandue dans l'air, qu'au moment où la muraille sera au même degré que celle de l'air ambiant.

On dit avec raison que lorsque les murs sont humides en hiver, c'est que le dégel se prépare. Il est facile, en effet, de comprendre que cela indique que l'air est devenu plus chaud.

En été, on dit que cette humidité est un signe de pluie. C'est encore vrai. Elle indique que la température de l'air s'est subitement élevée, et tout porte à croire que la vapeur d'eau répandue dans l'air, se trouvant échauffée, ira se convertir en pluie en touchant aux couches élevées de l'atmosphère qui sont plus froides que celles voisines de la terre.

Le mot de Cambronne.

Fontenelle a dit : Pour accréditer une erreur, il faut un jour; pour accréditer un vérité, il faut un siècle, à condition qu'elle marche vite.

Le mot de Cambronne est du nombre de ces erreurs qui se sont accréditées en un jour.

M. Thiers, racontant le fameux épisode de Waterloo, dit : « Les débris des bataillons de la garde, poussés pêle-mêle dans le vallon, se battent toujours sans vouloir se rendre. A ce moment, on entend ce mot qui traversa les siècles, proféré, selon les uns par le général Cambronne, selon les autres par le colonel Michel : *La garde meurt et ne se rend pas.* — Cambronne, blessé presque mortellement, reste étendu sur le terrain, ne voulant pas que ses soldats quittent leurs rangs pour l'emporter. »

Donc, d'après M. Thiers, le *mot* ne fut pas prononcé.

D'autre part, M. de Vaulabelle, dans un ouvrage fort estimé, l'*Histoire des deux Restaurations*, s'exprime ainsi : « Quelques hommes de ce bataillon, laissés pour morts sur le champ de bataille et recueillis le lendemain par les habitants du pays, furent sauvés. Cambronne se trouva du nombre; on a pu l'interroger. Les mots : « la garde meurt et ne se rend pas, » mis à cette occasion dans sa bouche, reproduisent le sens exact de son *énergique* réponse aux sommations des officiers anglais. »

Donc, M. de Vaulabelle est pour le *mot.*

On sait ce qu'en pense Victor Hugo; il l'a imprimé en toutes lettres.

Il paraît parfaitement établi aujourd'hui que Cambronne n'a prononcé ni le fameux mot, ni la réponse sublime, bien

qu'un peu théâtrale : « La garde meurt et ne se rend pas ! »
Cambronne n'est mort qu'en 1842 ; on a pu l'interroger,
comme dit M. de Vaulabelle ; mais ceux qui l'ont interrogé
sont loin de conclure comme l'historien des *deux Restaurations*, qui, probablement, a établi sa créance sur de simples
racontars de journalistes qui prétendaient avoir causé avec
Cambronne.

M. de Vieil-Castel, de l'Académie française, voulut, il y a
quelques années, se faire une opinion sur la question. Il alla
donc trouver un officier supérieur qui, dans sa jeunesse,
avait été très lié avec Cambronne. Voici quelques fragments
de la conversation qu'il eut avec lui, et que l'académicien a
consignée dans un de ses ouvrages :

« — Vous qui avez connu le général Cambronne, savez-
vous mon général, lui ai-je demandé, s'il est vrai qu'aux
dernières heures de Waterloo, il ait répondu, par le mot que
lui prête Victor Hugo, aux offres de capitulation que lui
apportaient soit le général Maitland, soit le général Colle-
ville !

» Le général *** se prit à sourire en haussant les épaules :

— Ce *fameux mot*, me répondit-il, n'a pas été prononcé,
je peux vous l'affirmer, car le général Cambronne me l'a nié
à moi-même.

» Sa famille et la mienne étaient très liées ; elles habitaient
la ville de Nantes ; mon père et le général Cambronne partirent ensemble pour l'armée ; pendant tout le cours de leur
carrière militaire, ils ne se perdirent pas de vue et ils ne
cessèrent d'entretenir des relations fort amicales. De retour
dans ses foyers, après 1815, le général Cambronne, en l'absence de mon père qui était exilé, devint mon tuteur ; il avait
pour moi une grande affection, et ce fut lui qui me décida à
entrer au service dès l'âge de quinze ans.

» Le général Cambronne, contrairement à ce que quelques
écrivains ont affirmé, n'était ni un homme vulgaire, ni un
soldat illettré ; il avait fait de fortes études, et tous ceux qui

ont vécu avec lui dans une certaine intimité savent qu'il passait pour un latiniste distingué.

» Un jour, pendant un de mes congés, le général et moi nous nous baignions dans la Loire, et je dois dire que je n'ai jamais vu un corps humain plus couturé de blessures, coups de mitraille, coups de feu, coups de lance, coups de sabre et coups de baïonnette, il en était complètement tatoué.

» En nageant près de lui, l'idée me vint de lui demander s'il avait, comme le prétendaient dès cette époque quelques précurseurs de V. Hugo, prononcé le fameux mot dont « la garde meurt et ne se rend pas ! » *ne serait* que la traduction.

» Le général Cambronne me répondit, en me tutoyant, comme il en avait l'habitude :

» — Tu me connais, ce mot-là ne me ressemble pas ; peux-tu t'imaginer qu'il soit sorti de ma bouche ? Non, je ne l'ai pas prononcé. Ce qui est vrai, c'est que, chaque fois que la proposition de mettre bas les armes nous fut faite, je m'avançai en tête de mes carrés, et levant mon sabre, je criai de ma voix la plus vibrante : « Grenadiers, en avant ! » Bientôt je fus blessé et je perdis connaissance ; lorsque je revins à moi mes pauvres carrés de grenadiers jonchaient le terrain et j'étais prisonnier. »

Le témoignage de M. Vieil-Castel ne saurait être mis en doute, d'autant plus qu'on a retrouvé récemment une lettre autographe de Cambronne, dans laquelle il nie énergiquement avoir prononcé le mot que lui a prêté un chroniqueur en goguette. Cette lettre a été publiée par diverses revues, et l'une d'elles l'a accompagnée de réflexions dont nous n'avons pas le texte sous les yeux, mais qui se résument ainsi : On pourrait admettre qu'un général français, dans un moment de mauvaise humeur, surtout s'il était seul, lâchât le mot ; mais est-il raisonnable de supposer que Cambronne, homme du monde, quoi qu'on en ait dit, mis en face des généraux anglais qui lui offraient des conditions honorables, entouré de ses officiers, ait répondu à ces généraux par un mot que ne se permettrait pas, dans une circonstance si solennelle, le fantassin le plus mal élevé ? Si Cambronne avait fait aux généraux anglais une semblable réponse, ceux ci n'auraient pas manqué d'en prendre bonne note, afin de pouvoir dire à l'Europe : Voyez quelles gens sont nos ennemis ! Or, pas un historien anglais ne mentionne même la fameuse légende.

Donc Cambronne n'a pas répondu : « ..... ! » aux officiers anglais ;

Il n'a pas répondu, non plus : « La garde meurt et ne se rend pas ! »

Il a simplement répondu : « Grenadiers, en avant ! »

Cette réponse est moins théâtrale que la seconde, et surtout moins *pittoresque* que la première ; mais sa simplicité ne lui donne que plus de grandeur. On proposait au général de se rendre, lui montrant l'impossibilité de changer les chances de la journée : à ce moment, en face des vainqueurs, il ne devait être ni furieux, ni exalté, puisqu'on ne se battait pas autour de lui ; mais le double orgueil de soldat et de Français le prenait au cœur ; après avoir réfléchi quelques instants, il préférait la mort à ce qu'il regardait comme une honte, et se tournant vers ses soldats, dont les sentiments répondaient aux siens, il disait : *Grenadiers, en avant !* C'était dire : Grenadiers, mourons !

Même au point de vue littéraire, cela vaut mieux que : « La garde meurt et ne se rend pas ! » C'est plus simple plus vrai, plus grand.

Cependant il y a eu trop de fumée autour des deux réponses faussement attribuées à Cambronne, pour qu'il n'y ait pas un peu de feu dans leur voisinage. La vérité paraît être que le colonel Michel, ne s'adressant pas aux Anglais, mais se faisant à lui-même une réflexion, dit d'une voix sèche : La garde meurt et ne se rend pas !

Quant au *mot*, il aurait été prononcé à demi-voix par un vieux grenadier qui ne trouva pas d'autre façon de manifester ses sentiments.

Que le *mot* soit sublime dans la bouche du vieux grenadier,
nous voulons bien y consentir. Dans celle de Cambronne
s'adressant à des parlementaires il ne serait que grossier et
impardonnable.

« L'histoire ancienne, dit un chroniqueur, nous a légué
une réponse absolument semblable au fameux « La Garde
meurt. » Quand Germanicus, faisant le siège d'Ardura,
somma les habitants de se rendre, ceux-ci lui répondirent :
« Nous saurons mourir, mais non nous rendre. » Et ils
tinrent parole. L'assaut donné par Germanicus ayant réussi,
les habitants d'Ardura, hommes et femmes, se firent tuer ou
se donnèrent volontairement la mort. »

Crois-tu de ce forfait Manco-Capac capable ?

En 1763, un auteur dramatique, aujourd'hui oublié, An-
toine Blanc, fit représenter une tragédie, intitulée *Manco-
Capac*, dont la postérité n'a retenu qu'un vers :

Crois-tu de ce forfait Manco-Capac capable.

On cite ce vers, en plaisantant, pour dire : Croyez-vous
que je sois (ou qu'il soit) capable de cela ?

Fille fiancée n'est point mariée.

C'est-à-dire que toute promesse n'est pas irrévocable.

La loi civile et la loi religieuse sont en effet d'accord pour
regarder les fiançailles comme une simple promesse qui n'en-
gage que d'une façon morale. Tant que le *oui* sacramentel
n'a pas été prononcé par les futurs époux, l'un et l'autre res-
tent maîtres de leur liberté.

Fiancé, fiancée, fiançailles, viennent d'un vieux mot français *fiance* qui signifiait promesse. Ce mot se retrouve encore dans quelques patois du centre.

Fille fiancée n'est point mariée est un axiome de notre ancienne jurisprudence, qui prit naissance à l'époque où les fiançailles cessèrent d'être considérées comme un engagement auquel on ne pouvait manquer sans payer des dommages-intérêts.

Craquer — craqueur — dire une craque — M. de Crac.

Dans le langage courant, on appelle *Monsieur de Crac* un conteur qui veut faire croire à ses auditeurs les choses choses les plus invraisemblables. M. de Crac n'est pas toujours d'une mauvaise foi absolue : il a quelquefois l'imagination si souple, si féconde, et l'esprit si facile à l'enthousiasme, qu'il finit par être lui-même convaincu de la vérité des hâbleries qu'il raconte.

On connaît les principales aventures de M. de Crac. Voyageant dans le Nord de la Russie, il arrive un soir dans un désert inhabité. Harassé de fatigue, il attache son cheval à un tronc d'arbre, s'enveloppe dans son manteau, et s'endort. Le lendemain, à son réveil, il est tout étonné de se trouver au milieu du cimetière d'une petite ville. Ne voyant plus son cheval à côté de lui, il regarde en l'air et le voit suspendu par la bride à la flèche du clocher. *Il y avait tant de neige* la veille qu'il n'avait pu s'apercevoir qu'il campait sur une ville, et que ce qu'il avait pris pour un tronc d'arbre était la pointe du clocher. La neige avait fondu pendant la nuit, et tout s'expliquait. Que fait M. de Crac pour rentrer en possession de son cheval ? Il prend un de ses pistolets, et la balle, savamment dirigée, va couper la bride du cheval qui tombe aux pieds de son maître.

C'est durant ce voyage que M. de Crac traversa un pays où il faisait si froid que les sons qu'il voulait tirer de son cor de chasse gelèrent dans le tube de l'instrument. Quelque temps après, assis au coin du feu dans une auberge, il plaça son cor à côté de lui ; tout-à-coup les personnes présentes tressaill'ront d'effroi : c'était le cor, réchauffé par une douce chaleur, qui rendait bruyamment les accords gelés dans son tube.

Une autre fois, M. de Crac aperçoit, au pied d'un arbre, un renard dont la fourrure lui fait envie. Envoyer une balle à l'animal serait s'exposer à gâter la fourrure. L'adroit chasseur glisse un clou dans son fusil, vise, et le clou va s'enfoncer dans l'arbre, sans avoir oublié, au préalable, de traverser la queue du renard, qui se trouve ainsi dans l'impossibilité de fuir. M. de Crac s'approche alors et cravache si rudement la pauvre bête que, après des efforts désespérés, elle finit par sortir de sa peau et se sauve à toutes jambes, abandonnant sa fourrure à l'incomparable Nemrod.

Dans un voyage en Sicile, M. de Crac voulut visiter *à fond* l'Etna. Il descendit donc hardiment dans le cratère et arriva chez les Cyclopes. Un de ceux-ci, furieux de son audace, lui donna un tel coup de pied que l'infortuné voyageur roula pendant trois jours et finit par arriver aux antipodes : il fut recueilli par un navire européen au moment où, nouveau Triton, il émergeait des flots de la mer du Sud.

On le voit, M. de Crac était plus avancé que les voyageurs de nos jours auxquels il faut près de trois mois pour faire le tour du monde, par les voies les plus rapides.

On a prétendu que les expressions *craque* (mensonge, hâblerie), *craqueur*, dire des *craques*, devaient leur origine aux exploits de M. de Crac. A notre avis, c'est le contraire qui a eu lieu. *Crac* est un mot qui exprime, par onomatopée, le bruit qui résulte de la rupture ou du frottement d'un corps sec et dur. Ce mot a donné naissance au verbe *craquer*, et celui-ci a été adopté par la fauconnerie (on dit aussi *craqueter*) pour exprimer le bruit sec que fait la grue en ouvrant et en fermant son bec. Par comparaison, on a appliqué le verbe *craquer* aux personnes dont la bouche, comme le bec de la grue, ne s'ouvre et ne se ferme que pour produire des sons sans valeur. De là à créer *craqueur, craque, M. de Craque* et *M. de Crac*, il n'y avait qu'un pas.

Colin d'Harleville a fait représenter, en 1791, une comédie intitulée *M. de Crac dans son petit castel.*

Faire comme l'autruche.

Pline, le naturaliste, rapporte que l'autruche, lorsqu'elle est poursuivie par les chasseurs, se croit en sûreté si elle parvient à trouver un endroit où elle puisse cacher sa tête.

Belon, le créateur de l'histoire naturelle en France, écrivait à son tour, il y a trois cents ans : « Et si d'aventure elle trouve un buisson, l'on dit qu'il est si sot oiseau, que se cachant seulement la tête, pense que tout le reste du corps en est sauveté. »

Belon avait copié Pline, et, depuis lors, des centaines d'écrivains ont copié Belon.

Buffon a enregistré cette assertion, sans la contredire, mais sans lui prêter son autorité.

Les voyageurs contemporains sont unanimes à déclarer que le récit de Pline est une fiction.

Tant mieux pour l'autruche, car si Pline avait dit vrai, il faudrait donner raison au dicton qui fait de cet oiseau l'un des symboles de la sottise.

Faire comme l'autruche signifie en effet : espérer se tirer d'affaire par une ruse grossière, — vouloir donner le change à plus malin que soi.

1ʳᵉ SÉRIE.

« L'autruche, dit M. Victor Meunier, ne mérite en aucune façon la réputation de stupidité que les auteurs lui ont faite à l'envi les uns des autres. C'est un oiseau doux, gai, pacifique, vigilant, éminemment sociable et auquel ne manque, quoi qu'on en ait dit, aucun des instincts de la famille. M. Cumming surprit un jour une troupe de douze autruches qui n'étaient pas plus grosses que des pintades : « La mère, dit-il, chercha à nous tromper à l'instar du canard sauvage ; elle partit, étendant ses ailes, puis se laissa tomber à terre comme si elle eût été blessée, tandis que le mâle s'éloignait sournoisement avec les petits dans une direction opposée. »

« Livingstone a rencontré plusieurs fois de jeunes couvées » allant sous la conduite d'un mâle qui s'efforçait de paraître » boiteux, afin de détourner sur lui l'attention des chasseurs. »

L'autruche ne vole pas : l'exiguïté de ses ailes et la pesanteur de son corps s'y opposent ; mais elle est plus agile à la course que le plus agile coursier du désert. Cependant c'est à cheval que les chasseurs parviennent à la forcer, car elle se fatigue plus vite qu'un cheval dont le cavalier sait ménager les forces, pour lui faire fournir, au moment décisif, un galop rapide. Quand les forces lui manquent, elle s'arrête, s'accroupit sur le sol, et le chasseur peut alors, tant elle est épuisée, la faire marcher à côté de lui sans qu'elle cherche à s'échapper.

Il n'est pas impossible qu'une autruche, forcée à la course, soit allée tomber, la tête la première, dans un buisson et y ait attendu le bon vouloir de son vainqueur. Mais aucun voyageur moderne ne rapporte ce détail.

Du reste, quand même l'autruche agonisante se cacherait la tête dans le sable ou dans un buisson pour mourir, il n'y aurait là aucune preuve qu'elle est stupide et qu'elle espère, par ce stratagème, *sauveter* le reste de sa personne. César aussi se cacha la tête dans son manteau pour mourir, lorsqu'il reconnut que la lutte contre ses assassins devenait impossible. Pourtant personne ne prétend que César, en agissant de la sorte, ait eu l'espoir de dérober son corps au poignard de Brutus. Pourquoi être plus sévère pour l'autruche que pour César?

Vous en parlez comme Sénèque de la pauvreté.

Sénèque *le philosophe*, fils de Sénèque *l'orateur*, fut élevé par des philosophes stoïciens, dont il embrassa les doctrines avec ardeur. Dès sa jeunesse il pratiquait les abstinences conseillées par Pythagore, c'est-à-dire qu'il ne prenait aucun aliment issu du règne animal.

Stoïque et frugivore, Sénèque n'en séduisit pas moins la femme de Domitius, l'un de ses bienfaiteurs. Cela lui valut d'être exilé en Corse.

Agrippine ayant épousé Claude, rappela Sénèque pour lui confier, ainsi qu'à Burrhus, l'éducation de son fils Néron.

Le philosophe trompa l'attente d'Agrippine. Au lieu de se faire l'instrument de l'ambitieuse impératrice et d'élever le fils dans les vues de la mère, il prit son rôle au sérieux et ne ménagea pas à Néron les leçons de morale. Aussi, Agrippine voyant l'empire que le philosophe avait pris sur son fils, s'écrie-t-elle dans *Britannicus* :

> J'eus soin de vous nommer........
> Des gouverneurs que Rome honorait de sa voix........
> J'appelai de l'exil, je tirai de l'armée
> Et ce même Sénèque, et ce même Burrhus
> Qui depuis... Rome alors estimait leurs vertus.

L'influence des deux précepteurs de Néron ne fut pas de longue durée. La jeune bête fauve qu'ils avaient apprivoisée se révolta; on les impliqua dans une conspiration, et ils furent mis à mort. Burrhus périt par le poison; Sénèque, qui ne mangeait que des fruits et ne buvait que de l'eau, et qui, d'autre part, se défiait de son élève, échappa au poison, mais fut obligé de s'ouvrir les veines dans un bain.

La vie de Sénèque est un tissu de contradictions étranges. Il méprisait les plaisirs de la bouche, comme indignes de l'homme, mais ne se refusait aucun des autres. Après avoir enseigné à son élève que la flatterie est l'indice d'une âme vile, il le suivait au théâtre, le laissait monter sur les planches et l'applaudissait. Il professait que le luxe et les richesses énervent la vigueur physique et morale de l'homme, et sa maison était peut-être la plus somptueusement meublée de la ville des Césars. Il paraît même qu'il se fardait, portait des vêtements efféminés et indisposait son entourage par une présomption et une vanité ridicules. On le croit facilement en lisant ses ouvrages dont le style est prétentieux, maniéré, semé de pointes, d'antithèses et de faux brillant. En somme, la grande vertu de Sénèque consista à ne point manger de viande et à ne point boire de vin. Cela ne suffit pas.

Parmi les divers opuscules philosophiques de Sénèque, se trouvent des pages éloquentes sur la *pauvreté*. L'auteur écrivit ces pages sur un pupitre d'or massif, avec un style d'or.

C'est par allusion à ce détail qu'on dit : *Vous en parlez comme Sénèque de la pauvreté*, à une personne qui raisonne froidement sur des douleurs qu'elle n'a jamais éprouvées, et, par extension, à une personne qui parle doctement de ce qu'elle ignore.

N.-B. — Les deux vers de Racine que nous avons rapportés plus haut :

> Et ce même Sénèque, et ce même Burrhus
> Qui depuis .. Rome alors estimait leurs vertus.

font partie du domaine de la conversation. Cependant on ne les cite jamais en entier, et le plus souvent on n'y fait qu'allusion en remplaçant *Sénèque* et *Burrhus* par des noms de circonstance. *Qui depuis...* est très usité pour caractériser la situation d'un ou de plusieurs hommes dont la conduite présente est en opposition avec la conduite passée.

Bedaine.

Bedaine est un vieux terme militaire. On donnait ce nom à une pierre arrondie en boulet qu'on lançait à l'aide d'une catapulte appelée *dondaine*.

Le chant de la *Fari-dondaine* exprimait la joie des soldats quand la bedaine avait touché le but.

L'idée de comparer un abdomen arrondi à une bedaine, appartient à Rabelais.

C'est un canard. — Les canards célèbres.

Dans la langue du journalisme, on appelle *canard* une bourde, une chose absurde présentée avec toutes les apparences de la vérité, quelquefois même appuyée de dissertations historiques ou scientifiques qui semblent de nature à écarter toute accusation de supercherie.

Le mot *canard* a pénétré dans le langage courant pour désigner une fausse nouvelle, une mystification.

Un auteur contemporain donne au *canard* l'origine suivante :

« Pour renchérir sur les nouvelles ridicules que les journaux de France lui apportaient tous les matins, un journaliste belge imprima, dans les colonnes d'une de ses feuilles, qu'il venait de se faire une expérience très intéressante et bien propre à caractériser l'étonnante voracité du canard.

Vingt de ces volatiles étant réunis, on hacha l'un d'eux avec ses plumes et on le servit aux autres qui le dévorèrent gloutonnement. On immola le deuxième, qui eut le même sort, puis le troisième, et enfin successivement tous les canards, jusqu'à ce qu'il n'en restât plus qu'un seul, qui se trouva ainsi avoir dévoré les dix-neuf autres, dans un temps déterminé et très court. Cette fable, spirituellement racontée, eut un succès que l'auteur était peut-être loin d'en attendre. Elle fut répétée par tous les journaux de l'Europe ; elle passa même en Amérique, d'où elle revint chargée d'hyperboles. On en rit beaucoup, et le mot *canard* resta pour désigner les nouvelles invraisemblables que les journaux offrent chaque jour à la curiosité de leurs lecteurs. »

L'origine du *canard* nous semble beaucoup plus ancienne. L'auteur d'un ouvrage publié en 1605, dédié à Sully et intitulé : *Histoire admirable des plantes et herbes esmerveilleuses et miraculeuses en nature,* dit très gravement qu'il existe un arbre dont la moëlle est de fer, et d'autres arbres dont *les fruits tombés dans les eaux se changent en poissons et les fruits tombés sur terre se transforment en oiseaux volants* Il parle surtout d'un arbre, *lequel estant pourry produit des vers, puis des canards vivans et volans.* Du Bartas, le poëte de l'époque, a chanté cet arbre merveilleux.

..... Dans les glaneuses campagnes
Vous voyez des oysons qu'on appelle gravagnes,
Qui sont fils (comme on dit) de certains arbrisseaux
Qui leur feuille féconde animent dans les eaux.
Ainsi le vieil fragment d'une barque se change
En des canards voluns : ô changement estrange !
Même corps fut jadis arbre verd, puis vaisseau,
Naguère champignon et maintenant oiseau.

Il est très probable que le volatile, si singulièrement engendré, dont parlent Du Bartas et le naturaliste, son contemporain, n'est autre que la *macreuse* (canard de mer). En effet, pendant longtemps, les marins, n'ayant jamais pu découvrir de nids de macreuses — par la raison que ces oiseaux font leurs nids dans les régions les plus froides du globe — ont prétendu que la macreuse prenait naissance dans les coquillages attachés aux débris des vaisseaux. Le nom scientifique de la macreuse prouverait même que les savants partagèrent, jusqu'à un certain point, cette croyance : en effet, ils l'ont appelée *anatife* ou *anatifère*, deux mots latins *anas* (canard) et *ferre* (porter). Les marins de nos jours donnent encore le nom de *graine de canards* à un coquillage qui s'attache particulièrement aux carènes des vieux navires.

Ne pourrait-on pas admettre que la croyance relative à la macreuse, tournée plus tard en ridicule, amena l'emploi du mot *canard* avec le sens figuré qu'il a pris dans la conversation. Usité d'abord parmi les marins, il aurait passé ensuite dans le langage populaire, et l'histoire du journaliste belge, qui probablement connaissait la légende du canard de mer, l'aurait fait pénétrer dans la langue du journalisme, où il a fait fortune.

Quoi qu'il en soit, les journaux de notre époque, même les plus sérieux, se livrent avec un zèle infatigable à l'éducation du *canard*. Telle absurdité plaisante, sortie du cerveau d'un journaliste, entre deux verres de champagne, est servie le lendemain au public avec une gravité et un appareil de mise en scène qui trompent quelquefois les gens du métier eux-mêmes.

Le *canard* le plus célèbre est, sans contredit, celui auquel on a donné le nom de *serpent de mer*, du *Constitutionnel*. De temps à autre, ce journal, peu plaisant s'il en fut, public un article constatant, avec preuves à l'appui, que les passagers de tel navire, commandé par le capitaine un tel, ayant à son bord tel ou tel savant, ont aperçu, dans les eaux de telle mer, un monstrueux serpent dont ils ont pu reconnaître exactement les formes, les mouvements et les caractères distinctifs. L'article, assaisonné aux meilleures sauces, dans les cuisines de la rédaction, est servi tout chaud aux lecteurs émerveillés. Les initiés rient dans leur barbe, et les autres croient avoir ajouté un beau fleuron à leurs connaissances en histoire naturelle.

Le *serpent de mer* du *Constitutionnel* a fait si bonne route qu'on dit souvent : *c'est un serpent de mer* au lieu de : c'est une fausse nouvelle, une plaisanterie.

Ce n'est pas que le serpent de mer n'existe que dans l'imagination des journalistes en bonne humeur, comme beaucoup sont portés à le croire. Cet animal n'est pas un mythe, et nous aurons occasion de lui consacrer un article. ·

Les *canards* ne sont pas toujours à l'adresse des naïfs et des ignorants. L'Académie des sciences elle-même en a avalé plus d'un, et du plus beau plumage ; témoin l'histoire suivante, qui vaut la peine d'être racontée.

Le célèbre Ampère était aussi distrait que savant. Un jour, il devait lire, à une séance de l'Académie, un rapport sur une question de la plus haute importance. Arrivé à l'Institut, quelques minutes seulement avant l'ouverture de la séance, Ampère s'aperçut qu'il avait oublié chez lui le rapport qu'il devait lire. Très contrarié de cet oubli, il s'arrêta sur la première marche de l'escalier et se mit à réfléchir à ce qu'il devait faire. Machinalement, sa main s'était posée sur la pomme de marbre de la rampe où le soleil dardait à ce moment de chauds rayons. Il remarqua que le côté de la pomme exposé au soleil était relativement chaud, tandis que l'autre côté, placé à l'ombre, avait la froideur ordinaire du marbre. Il remarqua en outre que la pomme, légèrement dévissée, pouvait faire un demi-tour de plus sur elle-même. Il lui fit faire ce demi-tour, de façon que le côté chaud se trouvât à l'ombre et le côté froid au soleil. Alors un sourire narquois apparut sur ses traits, et montant dans la salle où l'attendaient ses collègues déjà réunis, il leur dit : « Messieurs, avant de vous donner lecture de mon rapport, j'ai hâte de vous faire constater un phénomène étrange. » Il les conduisit alors au pied de l'escalier, leur fit toucher la pomme merveilleuse, froide du côté du soleil et chaude du côté de l'ombre, et s'amusa pendant plus d'une heure de leurs exclamations de surprise et des explications que la plupart donnaient incontinent. L'Académie rentra en séance, et, sans plus penser au rapport que devait lire Ampère, mit à l'ordre du jour cette question : « Pourquoi une pomme de marbre, exposée au soleil, reste-t-elle froide du côté où dardent les rayons solaires, et devient-elle chaude du côté placé à l'ombre ? »

Pendant plusieurs mois, bon nombre d'académiciens s'escrimèrent à expliquer le phénomène, mais pas un n'eut l'idée de s'assurer de la véracité du fait, en exposant une pomme de marbre au soleil. Le plus curieux de l'affaire, c'est qu'Ampère lui-même présenta à ses collègues un mémoire où il prétendait donner une explication irréprochable au point de vue de la science. Un beau jour enfin, la piste fut éventée, les rieurs eurent beau jeu et Ampère se fit, à l'Académie des sciences, des ennemis irréconciliables.

Une aventure du même genre advint, il y a quelques années, à une académie de province. Un chroniqueur l'a racontée comme il suit :

« S'il m'en souvient bien, c'était à... ne nommons pas la ville. Respect aux académies malheureuses ! Un jour, le président arriva rouge d'émotion, et tout haletant de joie :

» Messieurs et honorés collègues, dit-il, je viens vous proposer de décerner à l'un de nos compatriotes, le docteur V..., chirurgien de marine, en ce moment à Chandernagor, un diplôme de membre correspondant. Le docteur V... doit prendre rang désormais parmi les plus illustres bienfaiteurs de l'humanité. Il vient d'inventer une manière de guérir les fractures des membres, qui ouvre une voie nouvelle et brillante à la chirurgie. Voici la lettre que j'ai reçue de lui tout à l'heure :

« Mon cher maître, ce matin, un matelot, tombé du haut d'une vergue sur le pont, s'est brisé la jambe gauche. Il gisait sans pouvoir se relever, quand un de ses camarades

accourt et entoure le membre fracturé de ficelle goudronnée.
Aussitôt le blessé, qui n'avait donné aucun signe de douleur,
se relève et reprend immédiatement son service, comme s'il
ne lui fût rien arrivé. Je compte bien désormais user d'un
moyen aussi héroïque, quand pareil cas se renouvellera. »

L'Académie, à l'unanimité des suffrages et par acclama-
tion, accorda le diplôme demandé.

» Le président se hâta d'écrire à Chandernagor pour annoncer au docteur V... la glorieuse marque de sympathie et
d'admiration que lui décernait l'élite savante de ses conci-
toyens.

» Le docteur répondit :

« Merci à vous et à l'Académie, mon cher maître. A propos ! J'étais si pressé l'autre jour en vous écrivant, que j'ai
oublié de mentionner un détail peu important, sans doute,
mais qui complète l'observation chirurgicale qui me vaut
tant d'honneur. La jambe cassée du matelot était une jambe...
de bois. »

Le *canard* n'a quelquefois d'autre but que de faire courir
les gens. C'est alors une sorte de poisson d'avril. Un journal
annonça un jour que le puits de Grenelle lançait dans ses
gerbes d'eau de beaux petits poissons rouges, tout prêts à
être mis en bocal, et que le gardien du puits les cédait à un
prix modéré. Il vint des acheteurs. Un autre annonça que
désormais le public serait admis à visiter l'intérieur de l'obé-
lisque : il se présenta des visiteurs. Un troisième rapporta
que, dans les fouilles faites à Alise, on avait retrouvé une
paire de pistolets qui, grâce à une inscription, étaient re-
connus pour avoir appartenu à César. Le public pourrait
aller admirer ces pièces rares au musée de Cluny, où le gou-
vernement les avait fait déposer. Et il vint au musée de
Cluny des curieux qui demandèrent à voir les pistolets de
César.

A un degré moins élevé de l'échelle sociale, le *canard* est
un puissant élément de succès pour les exhibiteurs de curio-

sités qui parcourent les foires et les fêtes de banlieue. Nous
avons vu le prospectus d'un *Musée antique* qui annonçait,
entre autres merveilles : un pépin de la pomme qu'Eve offrit
à Adam — le plat sur lequel Esaü mangea les lentilles qui
lui coûtèrent si cher — un morceau de la mâchoire d'âne
avec laquelle Samson assomma tant de Philistins — le glaive
avec lequel Judith trancha la tête à Holopherne — la queue
du chien d'Alcibiade — le cheveu qui tenait suspendue l'épée
sur la tête de Damoclès, etc.

Qui de nous est sûr de n'avoir pas, plus d'une fois, avalé
des canards, absolument comme il arrive aux habitués des
restaurants de Paris de manger du chat pour du lapin et du
cheval mariné pour du sanglier ?

Faire un câble avec du sable.

Cette locution, l'une des manières de rendre le mot *impossible,* remonte aux Grecs. Elle est peu usitée, et mériterait
de l'être davantage; nous n'en voyons guère qui lui soit préférable.

Dans *Rome au siècle d'Auguste,* M. Dezobry a rappelé ce
proverbe, en parlant des mendiants-philosophes qui infestaient Rome : « Ces mendiants sont des Grecs sans ressource,
qui viennent chercher fortune à Rome par toutes sortes de
voies basses ou honteuses. Sans courage, sans énergie, ennemis du travail comme les gens de leur nation, il leur est
aussi impossible d'embrasser une profession honnête, que de
faire un câble avec des grains de sable, comme on dit chez
eux. Un de ces singuliers philosophes, cherchant à s'attirer
les générosités de l'empereur, avait choisi son poste à la
porte de la maison Palatine, et, guettant le maître à sa sortie,
lui offrait chaque fois une épigramme louangeuse. Il y avait

longtemps qu'il répétait le manège, lorsqu'enfin César-Auguste, voyant qu'il ne s'en lassait point, écrivit sur un petit papier une épigramme grecque, et la lui envoya à son tour. Le grec la loua fort, et témoigna la plus grande admiration. Puis, s'approchant de la litière impériale en fouillant au fond d'une pauvre bourse, il offrit quelques deniers au prince : « Si j'étais plus riche, lui dit-il, je donnerais davantage. » Chacun se prit à rire, et l'empereur le premier, qui, appelant son *dispensateur*, ordonna de compter cent mille sesterces au pauvre Grec. »

Etre fort au bilboquet.

On dit de quelqu'un qu'il est fort au bilboquet, pour laisser entendre qu'un talent futile, des qualités tout extérieures, lui ont valu un emploi, des honneurs dont il n'est pas digne.

Cette locution remonte au temps de Henri III. Ce prince s'était pris d'une belle passion pour le bilboquet, passetemps alors tout nouveau, et il n'était pas rare de le voir, dans l'exercice même de ses royales fonctions, paraître un bilboquet à la main ou suspendu à la ceinture. Il va sans dire que les jeunes seigneurs de la cour avaient fait de ce jeu leur récréation favorite.

Un jour, le roi ayant entendu dire que le duc d'Epernon maniait le bilboquet avec une adresse rare, il le fit venir et put se convaincre que la réputation de ce seigneur n'était pas usurpée. Dès lors, le duc d'Epernon devint le professeur, le compagnon inséparable du roi, et les plus hautes dignités lui furent conférées. Les gens d'esprit se moquèrent de cette élévation en disant du duc : « Il est très fort au bilboquet. »

Au lieu de la locution qui précède, on emploie quelquefois, avec le même sens, la suivante : « Il est très fort au billard. »

Cette dernière fait allusion à la fortune de « l'heureux Chamillart qui fit sa fortune grâce au billard. Il était conseiller au Parlement, lorsque sa réputation de joueur de billard le fit appeler à la cour, où il parvint à devenir ministre de la guerre et des finances. Il jouait avec Louis XIV (très amateur, on le sait, du jeu de billard) trois fois la semaine et savait perdre à propos... Le carambolage avait suppléé au génie chez l'homme d'Etat. Mais si Chamillart fit sa fortune politique en jouant au billard avec le grand roi, ce fut aussi en y jouant avec Chamillart, qu'à son tour Samuel Bernard bloqua dans la *blouse* de son coffre-fort le premier million de sa prodigieuse richesse. » (LAROUSSE).

L'incapacité de Chamillart, comme homme politique, fut d'autant plus visible et désastreuse pour la France qu'il avait assumé un double fardeau « qu'avaient eu peine à porter séparément deux hommes éminents, Colbert et Louvois. »

Je m'en vais ou je m'en vas.

Il arrive assez souvent qu'une personne, en quittant une réunion où il n'y avait que des intimes, prend congé par cette formule familière : *Mes amis, je m'en vais ou je m'en vas.*

Cette phrase appartient à l'histoire.

Le père Bouhours, l'auteur des *Doutes sur la langue française* et de la *Manière de bien penser,* philologue passionné, que ses querelles avec les académiciens rendirent célèbre, et dont Mme de Sévigné disait que l'esprit lui sortait par tous les pores, venait d'entendre sonner la dernière heure d'une existence consacrée à peu près exclusivement à la défense de la syntaxe. Il était tombé dans ce demi-sommeil silen-

cieux et inerte qui précède quelquefois la mort, et ses amis
le croyaient trépassé Tout à coup la voix faible du moribond
se fait entendre : « *Mes amis, je m'en vais ou je m'en vas ;
l'un et l'autre se dit ou se disent.*

Le père Bouhours n'avait pas voulu quitter ce monde sans
payer un dernier tribut à la grammaire.

Les dernières paroles de Thomas de Lagny, mathéma-
ticien du dix-huitième siècle, peuvent servir de pendant à
celles du père Bouhours. Sur le point de mourir, il perdit to-
talement la voix et ne put répondre à des questions très im-
portantes qui lui furent posées. Quelqu'un s'avisa alors de
lui demander quel était le carré de douze. L'agonisant fit un
effort suprême, un souffle glissa sur ses lèvres, et le ques-
tionneur put entendre cette réponse : cent quarante quatre.

Tenir le bec dans l'eau.

Tenir quelqu'un le bec dans l'eau, c'est le tenir en sus-
pens, l'amuser par de belles espérances.

Cette locution remonte, sans aucun doute, au moyen âge,
peut-être plus loin, et a dû son origine aux pratiques de l'*hydromancie*, ou divination par l'eau.

L'hydromancie est sœur de la pyromancie, de la géo-
mancie, de l'aéromancie, etc. (divination par le feu, la terre,
l'eau, etc.).

Varron rapporte que les Perses croyaient fermement aux
prédictions tirées de l'inspection de l'eau, et que Pythagore
partageait cette croyance. Numa Pompilius l'introduisit à
Rome, où elle persista, pour se propager ensuite dans tout
l'Occident. Elle n'a pas complétement disparu.

La chiromancie (divination par l'inspection des lignes de
la main) a eu, de nos jours, un regain de popularité.

La principale pratique de l'hydromancie consistait à faire apparaître, écrits sur l'eau, des noms de personnes ou de lieux. Pour obtenir ce résultat *réel*, les divinateurs se servaient d'une machine, habilement construite, dont la description se trouve dans l'*Encyclopédie* de Diderot. D'autres fois, ils conduisaient au bord de la mer, d'une rivière ou d'une fontaine, celui qui leur demandait une consultation, et tiraient leurs pronostics de la couleur et du mouvement de l'eau. D'autres fois encore, ils se bornaient simplement à placer devant lui un vase plein d'eau, sur laquelle ils laissaient tomber une goutte d'huile, et l'invitaient à regarder dans cette eau comme dans un miroir : les images qu'il y voyait, ou croyait y voir, servaient de base à des pronostics favorables ou défavorables.

On conçoit que, dans ces diverses pratiques, le naïf solliciteur, avide de connaître l'avenir ou la révélation de secrets qui l'intéressaient, se tenait anxieusement penché sur l'eau, cherchant à saisir le sens mystérieux de sa couleur, de ses rides, de ses mouvements. Dans la dernière surtout, il devait arriver souvent que sa foi n'était pas assez robuste pour lui faire voir au fond de l'eau des images qui n'y étaient pas; alors le divinateur l'exhortait à regarder encore, à regarder plus attentivement, jusqu'au moment où la fatigue, la tension des organes, la surexcitation du cerveau lui donnaient des éblouissements et faisaient défiler devant ses yeux les visions incohérentes de l'hallucination.

C'est là ce que les maîtres ès sciences occultes, dans leurs conversations intimes, appelaient *tenir* le client *le bec dans l'eau*.

Les hydromanciens n'existent plus qu'en très petit nombre, et ils se cachent. Mais ils ont fait une légion de petits qui ne se cachent pas, qui se font au contraire annoncer à son de trompe, et qui n'ont pas perdu la recette de leurs pères, loin de là. Demandez aux petits rentiers, aux actionnaires en général, ce que c'est que d'avoir le bec dans l'eau.

Il fait froid.

Les dictionnaires définissent le mot *froid* par *absence de chaleur*.

Scientifiquement parlant, le froid n'existe pas.

Nous touchons un corps et nous disons qu'il est chaud ou froid suivant que sa température est supérieure ou inférieure à la température de nos organes tactiles au moment où nous les mettons en présence de ce corps.

Ce que nous appelons *chaud* et *froid* n'est qu'une affaire de convention. Si, après avoir trempé le doigt dans de l'eau à 50 degrés, on le trempe dans de l'eau à 10 degrés, cette dernière paraîtra froide, bien qu'en réalité elle recèle encore une grande quantité de chaleur.

Il n'y a pas de corps *froids*, c'est-à-dire dans lesquels il y ait absence de chaleur. La glace, la neige contiennent du calorique. La température de la glace fondante, c'est-à-dire 0 degré, est une convention. Nous appelons *chaleur* la température au-dessus de 0, et *froid* la température au-dessous. Mais si bas que puisse descendre un thermomètre, il y a encore de la chaleur dans les corps qui l'environnent. Le degré le plus bas de température que l'on ait pu constater jusqu'à ce jour est 56 au-dessous de zéro. Mais, artificiellement, on peut dépasser de beaucoup ce chiffre.

Donc, la chaleur existe, mais le froid, si on l'appelle *absence de chaleur*, n'existe pas. Le froid n'est qu'un degré moindre de chaleur, relativement à notre corps ou à un corps quelconque choisi comme terme de comparaison.

Les corps échangent constamment leur chaleur ; les plus chauds rayonnent la leur sur les corps moins chauds. Si le soleil et les foyers allumés par l'homme n'intervenaient sans cesse, tous les points de la terre seraient bientôt à un degré uniforme de chaleur.

Mourir de plaisir. — Mourir de rire.

La douleur morale tue rarement, sur le coup du moins; mais elle tue souvent à la longue, et les exemples sont si fréquents qu'il est inutile d'insister.

Une grande joie peut tuer subitement; mais, si elle se prolonge, elle a un résultat opposé à celui d'une douleur vivace : elle s'émousse pour ne plus laisser d'autres traces qu'un souvenir.

Notons cependant que, règle générale, la douleur comme la joie s'évanouissent insensiblement avec le temps.

Autre remarque. Une grande joie est presque toujours accompagnée d'une sorte d'anxiété qui porte en elle-même une grande leçon : cette anxiété rappelle à l'homme qu'il est faible, incertain du lendemain, ignorant de ses destinées, et que sa vie ressemble à l'océan, aujourd'hui calme, demain agité. Aussi peu de proverbes ont-ils un sens aussi profond que celui que Mme de Girardin a pris pour thème de sa jolie pièce : *La joie fait peur.* Et qui de nous n'a entendu dire à une personne qui paraissait parfaitement heureuse, et l'était réellement : Je suis trop heureuse, un grand malheur me menace?

Les exemples de personnes tuées subitement par un grand plaisir, ne sont pas absolument inouïs. On croira cependant sans peine que ce genre d'affection mortelle fait moins de victimes que la phthisie et la bronchite aiguë. Généralement même, les staticiens ne réservent pas de colonne à l'enregistrement des individus morts de plaisir. Par contre, ils pourraient en ouvrir une, fort large, pour le total des individus morts par l'abus des plaisirs; car il est bien avéré que, sur mille décédés, plus de huit cents ont hâté l'arrivée de l'heure fatale par un excès quelconque.

Le philosopho Leibnitz, malgré l'abstraction de ses écrits, était très positif quand il s'agissait de ses intérêts. A sa mort, on découvrit sous son lit une cassette où étaient rangés, en piles régulières, comme les idées d'un système philosophique, soixante-dix mille florins d'or. Sa nièce, sa seule héritière, foudroyée sans doute par les beaux yeux de cette cassette, tomba évanouie en apercevant tant d'or. Quand on la releva elle était morte.

Autre exemple, emprunté à la *Chronique de Normandie* :

« Icelui duc (Robert le Magnifique, ou le Diable) aima moult le déduit de chiens et d'oiseaux et le jeu d'échecs et de tables. Il advint une fois que le duc Robert jouait aux échecs avec un chevalier et devant eux se trouvait un clerc qui les regardait. Or, voici venir un chevalier qui de son fief avait à faire hommage au duc, lequel tira de dessous son manteau une *juste* (vase) d'or et la présenta au prince. Robert la reçut et incontinent la va donner au clerc qui regardait le jeu des échecs. Ledit clerc la prit et, sitôt qu'il l'eut prise, il chut tout mort. Le duc fut moult émerveillé de la chose : lors manda ses médecins et chirurgiens et leur demanda pourquoi il était mort. Les maîtres parlèrent ensemble et puis dirent au duc que, selon nature, créature mourait par grand courroux et aussi par grande joie ; et pour ce tenaient-ils que, pour la grande joie que le clerc avait eue de la juste qui était de si grande valeur, il était mort. »

La locution *mourir de plaisir* est donc basée sur des faits. Il n'en est pas de même de *mourir de rire*.

Il est probable qu'il ne faut voir dans *mourir de rire* qu'une hyperbole. A moins que cette façon de parler ne fasse allusion au rire involontaire causé par le chatouillement. Une personne que l'on chatouille rit malgré elle, aussi longtemps que durent les titillations ; elle pourrait même, dit-on, rire jusqu'à ce que mort s'ensuivît, si les titillations ne cessaient pas. Il me semble avoir lu, il y a

fort longtemps, l'histoire d'un Barbe-Bleue quelconque qui
fit mourir sept femmes en les chatouillant sous la plante des
pieds. Etait-ce un conte? était-ce le récit d'une cause célèbre
du vieux temps?

Ma foi, s'il m'en souvient, il ne m'en souvient guère.

Quoi qu'il en soit, les sept femmes durent mourir en
riant.

Si le fait est vrai, je ne vous souhaite pas de mourir de
rire.

Pères-conscrits.

Cicéron appelle le sénat romain « temple de sainteté, de
majesté, de sagesse, la tête de la République, l'autel des na-
tions alliées de Rome, l'espoir et le refuge de tous les autres
peuples. »

L'institution du sénat romain remontait à Romulus, c'est-
à-dire à l'origine même de Rome. *Sénat, sénateur* ont pour
racine *senex,* vieillard, homme sage.

Après la chute de la royauté, les nouveaux sénateurs,
nommés par Brutus, reçurent le nom de *pères-conscrits*
(patres conscripti), parce qu'alors on commença à tenir, dans
l'enceinte du sénat, un registre où avait lieu l'inscription
officielle de chaque sénateur.

Cette appellation a reparu chez nous avec l'établissement
du sénat. Dans le langage familier, on donne quelquefois le
nom de *père-conscrit* à un sénateur.

D'après son origine latine, *conscrit* veut dire *inscrit.*

Sous les empereurs romains, le sénat perdit tous les caractères de dignité et d'indépendance qui avaient fait sa gloire
pendant les beaux siècles de Rome. Domitien tenait les sénateurs en si petite estime qu'il les convoqua un jour pour
leur demander à quelle sauce il devait faire accommoder un
turbot; et les sénateurs, dit-on, délibérèrent.

Sous le premier empire, un folliculaire caractérisa le sénat français par ces mots : « Si l'empereur faisait un p..., le sénat dirait qu'il sent bon. »

C'était peut-être trop énergique ; mais il faut avouer que le folliculaire pouvait avoir la tête échauffée, s'il venait de lire la fameuse proclamation du général baron de Lachaise :

« ... Nous savons tous que pour assurer le bonheur et la gloire de la France..., et fixer aussi la paix sur la terre, *Dieu créa Bonaparte et se reposa.* »

Un homme d'esprit, au lieu de s'emporter, ajouta à cette proclamation le distique suivant :

Et pour être plus à son aise,
Auparavant il fit Lachaise.

Compte d'apothicaire.

Cette façon de caractériser un compte, un mémoire sur lequel il y a beaucoup à rabattre, ne date pas, comme on le croit trop généralement, de la première représentation du *Malade imaginaire.* Elle existait bien avant la fameuse scène où M. Argan règle le compte de son apothicaire, M. Fleurant, se récrie sur la cherté des drogues et diminue chaque article d'un tiers.

Molière n'a fait que traduire une opinion reçue de son temps; il est même possible que le débat entre Argan et Fleurant ne soit qu'une peinture prise sur le vif. On pourrait le croire en lisant un document original, découvert par un archéologue du Morbihan, M. Closmadeuc, document qui remonte au commencement du dix-septième siècle et qui prouve que les apothicaires avaient en Bretagne la même renommée qu'à Paris.

La trouvaille de M. Closmadeuc consiste dans un manuscrit contenant les pièces d'un procès entre les héritiers de

Jacques Diavet, ecclésiastique, et le chirurgien Guenaël Le Bour, qui avait soigné le défunt pendant sa dernière maladie. — Il est bon de se rappeler que, à cette époque, le métier de chirurgien entraînait celui d'apothicaire, et *vice-versa*. Chaque médecin avait son officine et préparait lui-même ses remédes.

La note du chirurgien montait à 15 livres 15 sols. Les héritiers la trouvèrent exagérée, et plaidèrent. Notons en passant qu'il y eut 14 plaidoiries, ce qui prouve que les avocats de ce temps-là ne le cédaient guère à ceux de nos jours en ce qui touche la facilité de l'élocution et les ressources de la procédure. Cela se passait en Bretagne : il est probable qu'en Normandie il n'y eût pas eu moins de trente audiences consacrées à cette grave affaire.

Voici un passage d'une des plaidoiries de l'avocat des héritiers.

« Il faut être chirurgien avide comme le demandeur, qui se voïant débarrassé du soing de tous ses malades, poursuit à outrance le deffendeur pour se procurer le paiement d'une modique somme de 15 livres 15 sols, qu'il prétend lui être due pour avoir traité le sieur Diavet en sa maladie de mort.

Voyez l'excès de son mémoire !

Par l'article 1er, il demande 10 sols pour une prise de confection d'hyasainthe. N'est-ce pas moitié trop cher ? Mais on veut bien luy passer 6 sols pour empêcher sa piaillerie.

Article 2. Il demande pour une potion cordialle 40 sols ; on veut bien lui en passer 20, et c'est encore la moitié plus qu'elle ne vaut.

Article 5. Il veut avoir 15 sols pour un lavement rafraîchissant.

Ce clystère n'a été composé que d'un peu d'eau de rivière, et, d'un autre côté, comme les confrères ne prennent que 5 sols pour une pareille chose, on veut bien lui en accorder six.

Article 7. Autre lavement, pour lequel le chirurgien demande 15 sols. Si on lui passe 6 sols, la décoquetion ayant été faite chez le malade, il doit être bien content.

Article 10. Une médecine douce : 40 sols. Il faut s'en rapporter à la douceur qu'il donne à la médecine, présumant bien que ce n'est qu'un peu de manne. Vous aurez 20 sols, au lieu de 40, monsieur le chirurgien.

Article 15. C'est une médecine. Sans entrer dans la composition, on se contentera d'entrer pour quelque chose dans le prix. Il demande 2 livres. En luy passant 30 sols, on croit la luy payer trop.

Total 9 livres 1 sol, au lieu de 15 livres 15 sols.

Si le demandeur ne se contente pas de cela, « la justice aura les preuves de son peu de bonne foy, car on peut dire avec justice que ce mémoire est un véritable mémoire d'apothicaire. »

Ce que nos pères pensaient des apothicaires, le peuple le pense encore aujourd'hui, et l'on considère volontiers leurs officines comme des antres d'alchimistes où très peu de vile matière se convertit en beaucoup d'or. Aussi les anecdotes du genre de celle qui suit ont-elles toujours fait les délices des Argans de nos jours :

Un client entre chez un pharmacien, achète des drogues pour 2 francs 15, donne en paiement une pièce de 2 fr. et 15 centimes de billon, et s'en va.

Il n'est encore qu'à quelques pas de la porte, lorsque l'élève pharmacien, qui a reçu l'argent, s'aperçoit que la pièce de 2 fr. est fausse, en informe le patron et lui demande s'il faut courir après le client.

— Bah! fait négligemment le patron, laissez-le aller; il y a encore dix centimes de bénéfice.

Le lecteur voudra bien ne voir en ceci qu'une boutade. Les pharmaciens vendent cher parce qu'ils vendent peu, et je ne sache pas qu'on en voie beaucoup rouler carrosse.

Même quand l'oiseau marche, on sent qu'il a des ailes.

Ce joli vers de Lemierre s'applique aux personnes qui, même dans les choses les plus prosaïques, savent apporter de la grâce et de la distinction.

Il se prête à des variantes :

> Même dans sa cuisine, on sent qu'elle a des ailes.
> Même sans l'uniforme on sent qu'il est soldat.

La contre-partie de ce vers est :

> Même quand l'oison vole, on sent qu'il a des pattes.

Cette fine épigramme fut décochée à l'adresse de Charles Loyson, professeur de l'Université, auteur d'un volume de poésies publié en 1819. Ce Charles Loyson est l'oncle de l'ex-père Hyacinthe.

Charles Loyson mourut à vingt-neuf ans Il ne faudrait pas le juger dans le sens de l'épigramme, car ses *Epîtres et Elégies*, rééditées en 1868, annoncent un talent qui sort de l'ordinaire.

L'angle acial.

On dit d'une personne dont le front déprimé annonce peu d'intelligence, que son *angle facial* ne parle pas en sa faveur, — qu'elle a l'*angle facial* peu développé, etc.

On dit le contraire d'une personne dont le front développé, proéminent, accuse, à première vue, une grande somme d'intelligence.

Dans ، ' ٠eptile, le front n'existe pas ; il commence à se dessiner dans une souris ; il s'accentue chez le chat, le chien, le lion ; le front du singe commence à avoir des rapports marqués avec celui du nègre ; enfin le front d'un Européen atteint le maximum de proéminence.

On a conclu de cette observation que le développement de la partie antérieure du cerveau était proportionnelle à la somme d'intelligence, et que le développemement de la partie postérieure était proportionnel à la somme des instincts.

Cette conclusion semble vraie; elle n'est infirmée que par de rares exceptions.

Nombre de savants affirment même que le front se développe en avant par l'effet de la culture intellectuelle. La chose a pu être constatée sur des enfants blancs, mais surtout sur de jeunes nègres : ces nègres, soumis à l'entraînement d'éducation des Européens, ont dépassé leurs pères, sous le rapport intellectuel, et donné le jour à des enfants dont les enfants possédaient un front qui n'accusait, pour ainsi dire, plus aucune différence avec celui d'un Français. Tout cela sans croisement de races.

Preuve, entre mille, que le singe et le nègre ne sont pas le même individu à un degré de civilisation différente, de développement intellectuel différent; car on a eu beau faire reproduire les singes au milieu même des sanctuaires de la science, les petits n'ont pas été plus bêtes que leurs pères, mais ils n'ont pas été plus malins.

Il semble donc acquis que, dans l'échelle des êtres, la masse du cerveau s'avançant sur la face, est le signe du développement de l'intelligence, et que cette masse se reportant en arrière est le signe du développement des instincts.

Les anciens étaient déja pénétrés de cette vérité, car dans leurs statues, entre autres dans celle de l'Apollon du Belvédère, on remarque clairement qu'un ligne droite partant de l'oreille pour aboutir à la racine des incisives supérieures, — si elle était rencontrée par une autre ligne droite descendant du front, — formerait avec celle-ci un angle de 90 degrés, c'est-à-dire un angle droit.

Les anthropologistes ont appelé *angle facial* l'angle dont nous venons de parler. Cette dénomination a passé dans le monde des artistes, de là, dans le langage courant.

Soit l'angle droit A, B, C.

```
                          | A
                          |
    C _____| B
```

A ou son prolongement indiquera la partie moyenne du front; B, la racine des incisives ou, si l'on veut, la racine du nez; C, le conduit auditif.

Chez les Européens, l'angle facial est de 80 degrés, en moyenne; il est de 75 chez la plupart des races asiatiques, et de 70 chez les nègres.

L'angle facial ne saurait cependant donner des indications constantes, car il ne tient pas compte du développement des parois latérales du crâne, développement qui compense quelquefois l'absence de proéminence sur la face.

Baiser Lamourette.

Quelques jours après le 20 juin 1792, les Girondins semblèrent se rapprocher des Jacobins et prononcèrent des discours d'une violence extrême contre Louis XVI, qu'ils accusaient de favoriser les projets des ennemis de la France.

« Les Jacobins, mettant à profit ces fureurs, vraies ou simulées, de la Gironde, l'attiraient de plus en plus à eux avec l'intention bien arrêtée de se débarrasser d'elle ensuite, et Robespierre, tout en s'alliant momentanément à Brissot et à Condorcet, ne diminuait en rien la haine qu'il leur avait vouée.

« Et néanmoins en ce moment même il se passa un fait qui montre quelle était l'excessive mobilité des esprits, et qui permet de croire que les Girondins et beaucoup d'autres membres de l'Assemblée, tout en favorisant le mouvement révolutionnaire, ne s'y abandonnaient néanmoins qu'avec une crainte secrète. Au milieu d'une discussion animée sur les dangers de la France, tout à coup un membre de l'Assemblée, Lamourette, évêque constitutionnel de Lyon, s'écrie : « Ce qui cause véritablement le danger de la patrie, législateurs ! c'est votre désunion. Oh ! celui qui réussirait à rétablir l'union et la concorde entre vous, celui-là serait le vainqueur de l'Autriche et de Coblentz. Que reprochent l'une à l'autre les deux parties de l'Assemblée? L'une, de vouloir établir, à l'aide de l'étranger, une constitution nouvelle avec deux chambres ; l'autre, de vouloir renverser la royauté pour établir la République. Eh bien! foudroyez d'un même anathème la République et les deux chambres ; jurons de n'avoir tous qu'un même sentiment. Que l'ennemi sache que ce que nous voulons, nous le voulons tous ; et la patrie est sauvée.»

« L'effet de ces paroles fut magique. Tous s'écrient : « Point de République ! point de Chambres ! vive la Constitution ! » Ce n'est pas tout; on se précipite des bancs opposés au milieu de la salle pour s'embrasser les uns les autres et se jurer une fraternité inviolable. Condorcet se jette dans les bras de Pastoret, et ainsi des autres, puis on remonte sur les bancs, où l'on se place pêle-mêle; plus de droite, plus de gauche : tous les membres fraternisent. On décide que les départements vont être informés de cet heureux événement; on envoie au château une députation conduite par Lamourette; le roi, plein d'une joie qui devait durer bien peu, se rend au sein de l'Assemblée et la félicite. L'enthousiasme est à son comble; et à en croire les apparences, la patrie, le roi, la Constitution, tout est sauvé.

« Rien ne l'était cependant. Dès le lendemain, chaque député reprend sur les bancs son ancienne place : les inimitiés éclatent avec un redoublement de violence; le *baiser Lamou-rette*, loin d'anéantir les haines, n'avait fait que les enve-nimer. » (BARRAU, *Histoire de la Révolution*).

Et voilà pourquoi on appelle *baiser Lamourette* une récon-ciliation qui, tout en paraissant sincère sur le moment, ne doit pas avoir de suites.

Grattez le Russe...

Un proverbe, inventé sans doute par quelque diplomate qui avait eu des désagréments au bord de la Néva, dit : Grattez le Russe, vous trouverez le Cosaque; grattez le Co-saque, vous trouverez l'ours.

On cite souvent ce proverbe, mais toujours en l'abrégeant; on se contente de dire : *Grattez le Russe*. L'application en est facile; elle a lieu lorsqu'on veut dire qu'une personne a des défauts qui ne sont que masqués par de belles apparences. Quelquefois on supprime le Russe; on dira, par exemple : grattez ce fanfaron , vous trouverez le lâche, — grattez ce complimenteur, vous trouverez l'hypocrite,— grattez ce beau dandy, vous trouverez un imbécile.

Un proverbe analogue, plus ancien, mais moins usité, est : Cassez la glace, vous trouverez l'hypocrisie.

Soûl comme une Grive.

La grive n'est pas un oiseau français. En temps ordinaire, elle vit surtout en Ecosse, en Danemark, en Suède.

Les Ecossais tiennent la grive comme le plus harmonieux

des oiseaux. Walter Scott, dans l'*Abbé*, prête ces paroles à un partisan de Marie Stuart : « Je crois entendre la voix de cette reine infortunée; je crois entendre sa voix aussi douce, aussi harmonieuse que le chant de la grive. »

« Perlez, dit M. Raspail, aux chasseurs du centre de la France de la voix mélodieuse de la grive, et dites-leur qu'en Ecosse son chant inspire l'imagination des bardes du pays, ils seront tentés de rire de votre crédulité et des oreilles des Ecossais ; et, quand vous ajouterez que Marie Stuart chantait comme une grive, au dire des historiens, ils auront une triste idée du timbre enchanteur de cette reine de beauté, dont la hache seule du bourreau put rompre la magie, même après dix-huit ans de la plus dure captivité. Pour eux, tout le répertoire de la grive des vignes est dans les deux coups de l'appeau. »

La grive chante en Ecosse parce que c'est en Ecosse qu'elle aime et fait son nid. En France, elle ne chante pas, parce qu'elle n'y vient que pour manger.

L'une des variétés de la grive a reçu le nom de *mauvis*, du latin *malum vitis*, fléau de la vigne.

C'est surtout en automne, dans les régions viticoles, qu'on rencontre la grive. Elle parcourt les vignes et s'y gorge de raisin à tel point que, souvent, ses organes alourdis ne lui permettent plus de s'envoler et la livrent sans défense au plomb, même à la main du chasseur.

Il n'est donc pas étonnant que nos pères aient comparé à une grive un homme alourdi par la boisson.

Ce proverbe nous rappelle une curieuse histoire.

Un médecin célèbre, très sobre d'ordinaire, s'était oublié un soir à boire plus que de raison. Quand il rentra chez lui, ses jambes flageolaient et il sentait dans sa tête de petits picotements qui lui indiquaient clairement qu'il avait *mal aux cheveux*. Il allait se mettre au lit, quand son domestique vint le prévenir qu'un de ses clients, personnage fort riche, le faisait mander immédiatement.

Notre médecin hésite, puis, réunissant ce qui lui reste de sang-froid, il se fait conduire à l'hôtel de son client.

Celui-ci, étendu dans son lit, immobile, semble agoniser ; il ne donne d'autre signe de vie qu'un râlement sourd.

Le médecin s'approche, veut tâter le pouls, tirer un diagnostic; mais sa main tremble et sa vue est si trouble qu'il cherche le pouls dans le voisinage du coude; comme Sganarelle, il aurait alors placé le cœur à droite.

Si la raison était obscurcie, la conscience du devoir restait entière. Le médecin se dit en lui-même qu'il s'exposerait à commettre un crime en donnant une ordonnance, et furieux, maudissant sa faute, il s'éloigne du lit en se décernant à lui-même le compliment suivant : Pourceau ! tu es soùl comme une grive.

Le lendemain, l'infortuné disciple d'Esculape était seul assis dans son cabinet, sombre, rêveur, et calculant les conséquences de la scène de la veille. A ce moment, le domestique de son client entre et lui remet un pli.

Le docteur l'ouvre en tremblant. Il y trouve un billet de mille francs avec les lignes suivantes :

« Docteur,

» Permettez-moi de vous envoyer les honoraires de votre visite de cette nuit.

» Malgré l'état d'abrutissement où je me trouvais, j'ai parfaitement distingué les paroles que vous avez prononcées en vous éloignant de mon lit. Elles ne m'indiquent que trop que vous aviez deviné immédiatement le genre de mal dont je souffrais. Croyez que le dégoût que vous avez manifesté ne sera pas une des moindres raisons qui me porteront à me corriger d'un vice repoussant.

» J'ose espérer que je n'ai pas besoin d'invoquer le secret professionnel pour que personne ne connaisse jamais dans quel état honteux vous m'avez vu. »

C'est le docteur qui dut bien rire.

L'eau en vient à la bouche.

Après avoir fait l'énumération des excellentes choses que vous avez mangées, ou que vous vous proposez de manger, à un bon dîner, vous ajoutez quelquefois ces mots : Rien que d'y penser, *l'eau vient à la bouche.*

L'eau vient-elle réellement à la bouche lorsqu'on regarde un mets délicat, même quand on ne fait que d'y penser ?

C'est parfaitement vrai, et nous verrons tout à l'heure pourquoi.

Les aliments, pour remplir leur fonction dans la nutrition, doivent être *digérés.* Ils sont digérés dans l'estomac ou dans l'intestin, grâce à l'action du suc gastrique, de la bile, du suc pancréatique, du suc intestinal.

Pour être digérés, ils doivent auparavant être mâchés, s'ils sont solides. La mastication se fait dans de bonnes conditions à l'aide de la salive. Certains aliments même, les substances féculentes, ne pourraient être digérés, s'ils n'étaient imbibés de salive.

La salive est donc l'agent premier de la digestion, car sans elle, les aliments ne seraient pas mis dans un état convenable pour se rendre à l'estomac, et la déglutition serait presque impossible.

La salive est sécrétée dans la bouche par les glandes salivaires. En temps ordinaire, cette sécrétion est peu abondante, parce, qu'elle n'a pour but que d'entretenir l'humidité des muqueuses de la bouche. Mais aussitôt qu'un aliment est placé dans la bouche, la sécrétion devient très abondante, afin d'imbiber l'aliment mâché.

La salive obéit en ceci aux mêmes lois que le suc gastrique, la bile et les autres agents de la digestion, qui ne se produisent avec abondance que lorsque les parois où ils ont leur source sont mises en contact avec les aliments.

Donc, en plaçant dans la bouche un aliment quelconque, on fait abonder immédiatement autour de ce corps un flot de salive.

Ce phénomène se manifeste absolument de la même façon si, au lieu de mettre l'aliment dans la bouche, on ne fait que le *regarder* ou même y *penser*.

Ceci paraît insignifiant au premier abord; mais, en y réfléchissant bien, quel joli chapitre on pourrait en tirer pour l'histoire de l'homme! La salive, cet agent si modeste en apparence, se tient sous les armes, non seulement quand l'ennemi s'approche, mais dès que sa présence se manifeste. Nos jarrets se tendent quand nous voulons faire un bond ; nos poings se ferment quand nous voulons frapper ; nos yeux se fixent quand nous voulons contempler; nos lèvres s'ouvrent quand nous voulons parler; — eh bien ! nos glandes salivaires font absolument la même chose que nos jarrets, nos poings, nos yeux, nos lèvres : elles se mettent en activité à la seule idée de manger, comme d'autres organes à la seule idée de remplir la fonction qui leur est propre.

Et voyez combien les glandes salivaires sont intelligentes! Si l'aliment que nous regardons, ou auquel nous pensons, ne ne nous plaît pas, elles n'entrent pas en activité, *l'eau ne nous vient pas à la bouche.*

Avons-nous dans la bouche un aliment qui nous plaît peu ? Elles font leur besogne à regret, et nous sommes obligés de boire pour le *faire passer.*

L'aliment nous déplaît-il absolument? Elles entrent dans une activité prodigieuse pour nous aider à le rejeter; elles l'enveloppent de leur liquide pour qu'il ne touche pas aux régions de l'arrière-bouche, et pour qu'il n'en reste pas une parcelle dans la cavité buccale. Elles entrent dans le même travail à la seule pensée d'un objet dégoûtant; c'est pour cela que nous crachons quand nous voyons quelque chose de malpropre, ou qu'il en est seulement question. Et comme la manifestation des sentiments moraux se produit extérieurement de la même façon que la mauifestation des sensations physiques, nous crachons pour indiquer notre mépris à l'endroit d'une personne méprisable, ou notre indignation au récit d'une action basse, d'une lâcheté.

Vous voyez, par ces aperçus, qu'on pourrait faire un joli chapitre sur la salive.

N.-B. — Tout le monde sait que, pendant les fortes chaleurs, les travailleurs des champs ou les piétons mettent un caillou dans leur bouche pour *se préserver* de la soif.

Le caillou ne peut en aucune façon préserver de la soif, ni l'apaiser, si elle existe; mais sa présence dans la bouche excite la sécrétion des glandes salivaires ot entretient l'humidité dans les régions où la soif se manifeste de la manière la plus intense.

Les fumeurs prétendent que *fumer* joue le même rôle que le caillou. Evidemment, puisque tout corps mis en contact avec les glandes salivaires les fait entrer en activité. Les corps qu'elles ne connaissent pas ont surtout ce pouvoir. C'est pour cela que les apprentis fumeurs sont obligés de cracher énormément, ce qui les rend fort peu intéressants.

Ni chair ni poisson.

Dans les premiers temps de l'Eglise, le jeûne du carême et des vigiles était observé avec la plus scrupuleuse rigueur. Les fidèles ne prenaient qu'un repas par jour, vers le soir, et ce repas ne pouvait se composer que de pain, de légumes et d'eau.

Plus tard, la discipline se relâcha sur ce point, et l'usage du vin, du poisson, des œufs et du laitage fut toléré, par quelques évêques d'abord, par tous dans la suite.

Ces tolérances des évêques rencontrèrent de violentes oppo-

sitions parmi les casuistes du moyen âge, et plus d'une rame
de parchemin fut brouillée pour prouver que les œufs, provenant des poules, et le beurre, provenant des vaches,
étaient des aliments gras, et que, par conséquent, leur
usage ne pouvait pas être admis en carême. Ces bons disser-
tateurs ne prenaient pas la peine de songer que le pauvre
serf, ne pouvant tuer sa vache pour faire la soupe, puisque
l'usage de la viande était prohibé, n'ayant pas encore de
légumes dans son jardin et souvent guère de pain dans sa
huche, était fort embarrassé pour ne pas mourir de faim, s'il
voulait observer le jeûne primitif dans toute sa rigueur.

C'est surtout sur l'article *poisson* que s'escrimèrent certains
docteurs de l'époque. Le poisson est *chair*, disait l'un, puisque c'est un animal. — Le poisson n'est pas chair, répondait
l'autre, puisqu'il vit d'eau (le poisson vit des myriades d'ani-
malcules invisibles qui peuplent les eaux, mais on pouvait
l'ignorer à une époque où le microscope n'était pas inventé).
Les disputes devinrent bien autrement véhémentes lorsqu'elles tombèrent sur certains oiseaux aquatiques, la poule-
d'eau, par exemple. Tous les savants de l'antiquité furent mis
à contribution et il coula des torrents de syllogismes, de
dilemmes, de sorites sur la constitution intime du pauvre
volatile, qui tantôt était chair, tantôt était poisson. Plus d'un
grand homme à moins fait parler de lui.

Le peuple, qui ne retient guère des événements que le côté
pittoresque, a perpétué le souvenir de ces discussions par
une locution aussi originale que caractéristique. *Ni chair ni
poisson* se dit des choses dont la nature n'est point bien dé-
finie, d'une conduite louche, d'une opinion douteuse. Certains personnages politiques, qui ont étudié la rose des vents
de l'opinion et pris des brevets pour le perfectionnement des
girouettes, méritent quelquefois qu'on leur applique la locution *ni chair ni poisson*. C'est peut-être un tort; à notre avis,
ils sont plutôt poissons, ayant la faculté de fort bien nager
entre deux eaux.

Donner un coup d'épée dans l'eau.

C'est faire une tentative sans succès, manquer son coup. Nos pères, auxquels les lois de la réfraction de la lumière étaient inconnues, créèrent cette expression figurée, après avoir remarqué sans doute que, si l'on v(apper un animal sous l'eau, il arrivait toujours qu'on   .nquait, à moins de frapper à côté de l'endroit où il parais ait se trouver.

Dans l'air, un rayon lumineux se propage en ligne droite, s'il ne rencontre pas d'obstacle. S'il rencontre un obstacle qu'il ne peut traverser, une plaque d'acier par exemple, il se *réfléchit*, et l'angle de réflexion est égal à l'angle d'incidence. Mais s'il rencontre un autre milieu dans lequel il peut se propager, l'eau par exemple, il se *réfracte*, en formant un angle particulier.

Prenez un vase plus large que profond ; mettez au fond une pièce de monnaie, et placez votre œil, sur le rebord du vase, de manière qu'il finisse par ne plus apercevoir la pièce. Versez ensuite de l'eau dans le vase : la pièce deviendra peu à peu visible, elle semblera monter, et le fond du vase lui-même apparaîtra presque entier, bien que ni lui ni la pièce n'aient bougé.

Cette interruption dans la marche rectiligne du rayon lumineux tient à ce que sa vitesse n'est pas la même dans l'eau que dans l'air.

Tout le monde a pu observer qu'un bâton plongé dans l'eau ne paraît plus droit ; la partie immergée semble se relever et former un angle obtus avec la partie restée dans l'air. Il en résulte que la pointe du bâton n'est pas réellement à l'endroit où l'œil la perçoit ; elle est à une certaine distance de cet endroit, plus bas. Donc si l'on donnait un coup d'épée à un corps immergé dans l'eau, en ne tenant compte que des indications données par l'œil, on frapperait certainement à côté. De là le dicton

Les pêcheurs au fusil, car il y en a, n'oublient pas de tenir compte de la déviation de la lumière passant d'un milieu moins dense dans un milieu plus dense, ou *vice-versá*. Lorsqu'ils veulent envoyer une balle à un poisson, ils ont soin de viser au-dessous de l'endroit où leur œil le perçoit.

La réfraction de la lumière est cause que notre œil nous trompe souvent sur la véritable profondeur des rivières. L'expérience de la pièce de monnaie placée au fond d'un vase, laquelle devient visible à mesure qu'elle se couvre d'eau, donne parfaitement l'explication de ce phénomène. De même, lorsque nous entrons au bain, nous croyons tomber dans un gouffre, car le fond de la baignoire nous avait paru bien plus rapproché qu'il ne l'est réellement. La même raison nous fait voir plus gros les objets plongés dans l'eau.

Casser le pot au lait.

Allusion à la fable *la Laitière et le Pot au lait*.

Perrette songe aux poulets qui lui permettront d'acheter un porc, au porc dont la vente fournira le prix d'une bonne vache, au veau

> Qu'elle verra sauter au milieu du troupeau.
> Perrette là dessus saute aussi, transportée :
> Le lait tombe ; adieu, veau, vache, cochon, couvée.

Casser le pot au lait de quelqu'un, c'est le réveiller d'un beau rêve.

L'expression est cependant plus vieille que La Fontaine qui, dans sa jolie fable, n'a fait que rajeunir un vieux conte dont parle Rabelais :

« J'ay grand paour, dit Echéphron, que toute ceste entre-
prinse sera semblable à la farce *du pot au lait*, duquel un
cordouanier se faisoyt riche par resverie ; puis le pot cassé,
n'eust de quoi disner. »

C'est un drôle de pistolet.

Sous le règne de François I⁺ʳ, les mercenaires allemands
introduisirent dans nos armées de petites arquebuses d'un
pied de long environ, qui reçurent le nom de *pistolets*, parce
qu'elles avaient été fabriquées à Pistoie, en Toscane.

Sous Henri II, les soldats qui portaient ces armes étaient
appelés *pistoliers*. La plupart étaient des soldats d'aventure,
des reîtres allemands, et ne jouissaient pas d'une excellente
réputation ; aussi l'épithète de *pistolier*, dans la langue du
peuple, était-elle synonyme de t. uvais sujet.

On ne se douterait guère que, de là, vient notre locution
vulgaire : C'est un drôle de pistolet (pistolier).

Voir l'épousée.

Ce proverbe, usité surtout dans les armées, signifie : avoir
une fausse alarme, avoir peur sans motif.

Le duc d'Albe avait un jour envoyé en avant des éclai-
reurs qui revinrent au galop, criant qu'ils avaient aperçu
l'ennemi, bannières déployées. Le duc fit ranger son armée
en bataille et attendit l'attaque. Mais quand les bannières
approchèrent, on s'aperçut qu'elles précédaient simplement
une noce de village.

Faire une boulette.

Chacun connaît le sens multiple de cette locution familière. En effet, qui n'a pas fait ou peut jurer de ne pas faire quelques boulettes ?

> Le pauvre en sa cabane, où la chaume le couvre,
>> Est sujet à leurs lois,
> Et la garde qui veille aux barrières du Louvre
>> N'en défend pas nos rois.

Ce qui peut nous consoler, c'est que le sage lui-même fait sept boulettes par jour, même après avoir tourné sept fois sa langue dans sa bouche avant de parler. Aussi un moraliste a-t-il conseillé à ceux qui aspirent à l'entière sagesse de faire sept fois le tour de leur département avant de remuer la langue.

Puisque le sage fait sept sottises par jour, calculez le nombre de boulettes que font ceux dont la langue est trop impatiente pour exécuter les sept tours réglementaires !

Au propre, *boulette* veut dire *petite boule*. Faut-il en conclure que celui qui a fait une bévue, une maladresse, a fait une *petite boule?* — On dit cependant qu'il a fait une *boulette*.

Boulette, avec le sens de *bévue*, n'a pas la même origine que *boulette* signifiant *petite boule*. Celui-ci vient du latin *bulla*, boule.

Boulette, bévue, vient de l'anglais *bull* (prononcez *boule*) qui signifie taureau et, au figuré, absurdité, bévue. Les Anglais appellent *bull-head* (prononcez *boule-hède*) un sot, un benêt, celui qui fait des bévues. *Bull-head* signifie textuellement : tête à sottises.

Cette expression s'est acclimatée chez nous grâce aux Anglais de passage qui, lorsqu'ils ne sont pas satisfaits des garçons d'hôtel, leur infligent l'appellation de *bull-head*. Et les garçons d'hôtel, faisant de la métonymie sans le savoir, ont appliqué à l'effet le nom de la cause.

En Angleterre, le mot *bull* a un sens assez difficile à rendre en français. Il sert principalement à désigner les stupidités que l'on prête aux Irlandais, et toute bêtise, même émanant d'un Anglais pur sang, est qualifiée d'*irish bull*, bévue irlandaise.

L'auteur d'*Un tour en Irlande*, M. Joseph Prévost, a consacré aux *irish bulls* quelques pages dont voici un extrait :

« Nous sommes bien près de la montagne? dis-je à mon cocher, garçon vif et intelligent qui m'avait été recommandé comme un guide sûr et expérimenté.

» — Oh! non, Votre Honneur verra bien tout à l'heure que la montagne sera plus loin à mesure que nous approcherons.

Cet *irlandisme*, débité avec la plus parfaite candeur, me fit rire d'une façon qui déconcerta un peu le brave Thaddy. Il me regarda avec de grands yeux, ne se doutant pas le moins du monde qu'il venait de lâcher un *irish bull* de la plus belle espèce. On a essayé bien des fois de définir et de traduire le mot *bull*, mais on n'a pas trouvé dans notre langue d'expression équivalente. Un *bull*, c'est quelquefois un non-sens, quelquefois un calembour, souvent c'est une hyperbole ou une métaphore grotesque; mais c'est toujours une bêtise plus ou moins amusante. C'est tout cela et autre chose encore; aussi, pour mieux faire comprendre ce que nos voisins entendent par ce mot, est-il nécessaire de citer quelques exemples. Je les emprunte au recueil qu'a publié sur la matière miss Edgeworth ; cet ouvrage jouit toujours d'une faveur soutenue de l'autre côté du détroit.

» Des étrangers visitant les beaux lacs de Killarney, situés dans le comté de Kerry, en Irlande, admiraient surtout un écho qui répétait les sons jusqu'à quatre fois de suite. « Ce » n'est rien, dit un paysan nommé Paddy Blake, qui se

» trouvait là, ce n'est rien auprès de l'écho qu'il y a dans le » jardin de mon père; si vous lui demandez : Echo, comment » vous portez-vous? il répondra civilement : Très bien, merci, » et vous, monsieur? »

« On demandait un jour à un autre paysan de la force de Paddy Blake : « Avez-vous des frères? — Non, répondit-il, » je n'ai pas d'autre frère que moi-même. »

» Il ne faut pas croire que ces bévues échappent seulement aux gens de la campagne; les Irlandais de toutes les classes sont, à ce qu'il paraît, très sujets à commettre des *bulls*, soit en parole, soit en actions. Ainsi, un auteur à la mode, auquel des critiques reprochaient de n'écrire que pour de l'argent, sans se soucier de la gloire, s'écria très sérieusement : « Eh ! qu'est-ce que la postérité a donc fait pour moi, pour » que l'on me répète sans cesse que je dois travailler pour » elle ! »

» Un candidat à la députation, étonné de n'être pas appuyé dans les hustings (assemblées électorales) par un gentlemann qui lui avait promis son concours, se tourna vers lui et l'interpella en ces termes : « Je suis surpris d'*entendre* mon honorable ami *rester muet*. »

» Les marchands irlandais si féconds en hâbleries, si habiles à éblouir et à persuader les acheteurs, ont largement contribué à enrichir le répertoire des *bulls*. Une dame marchandait un jour une étoffe dans un magasin de Dublin, et demandait naturellement au commis qui la servait si le tissu en était solide. « Oh! madame, répondit-il, vous serez trop » contente de votre robe, elle ne s'usera jamais; je vous jure » qu'elle durera jusqu'à la fin de vos jours, et alors vous » pourrez encore en faire un jupon. »

» Le peuple anglais qui a tant de prétention à la gravité, qui est si fier de sa froide raison, et qui paraît si convaincu de la supériorité qu'il s'attribue sur la race irlandaise, considère comme des fous tous les diseurs de bulls. Nous sommes loin de partager cet avis, et nous pensons que ces fameux bulls tant reprochés aux fils d'Erin, proviennent de deux causes très simples. La première, c'est l'extrême vivacité de ce peuple qui parle et agit souvent avant d'avoir réfléchi, avant de s'être donné la peine d'éclaircir ses idées. La seconde cause consiste dans le génie même de la langue indigène. L'idiome irlandais est excessivement emphatique; il est tout plein de figures et se prête merveilleusement à l'exagération et aux plus étonnantes hyperboles. Ainsi, par exemple, un paysan, pour exprimer qu'il serait heureux de passer sa vie sur le domaine de son seigneur, ne manquera pas de lui dire : « Je voudrais demeurer ici tant que l'herbe y poussera, » et aussi longtemps que la rivière coulera. » Il m'est arrivé un soir, dans une auberge, d'entendre l'hôtesse gourmander en ces termes sa servante qui me laissait presque dans l'obscurité : « Mouchez donc la chandelle de ce monsieur, voulez- » vous laisser les mèches monter jusqu'au plafond ! »

» ... Les Irlandais ressemblent beaucoup à nos Gascons; ils ont du moins plusieurs de leurs défauts, c'est ce qui a fait dire que les eaux du Shannon jouissent des mêmes propriétés que celles de la Garonne... »

M. Marcel, ancien consul, a recueilli quelques *irish bulls*, parmi lesquels le suivant, que le plus spirituel des Parisiens ne désavouerait pas :

« Un Irlandais entra un jour chez un boulanger et demanda un pain de deux livres. Le boulanger en mit un sur le comptoir; l'Irlandais en demanda le prix : — Cinq pence (50 centimes), dit le boulanger. — Mais il n'a pas le poids, dit l'acheteur, en le pesant de la main.—N'importe, répliqua l'autre, il sera plus facile à porter. — L'Hibernien (l'Irlandais) déposa alors sur le comptoir quatre pence (40 centimes). — Ce n'est pas assez, dit le boulanger. — N'importe, répliqua l'Irlandais, ça sera plus facile à compter. »

On voit que, dans notre locution *faire une boulette*, le sens de *boulette* s'éloigne quelquefois du sens de *bull*. Il semble même se restreindre à la qualification des actions, et ne qualifier que rarement des paroles. C'est le contraire, chez les Anglais,˙pour lesquels *bull* désigne surtout ce que nous appelons balourdise et calembourg bête. Il y a cependant quelquefois, dans leurs recueils de *bulls*, des traits aussi spirituels que risibles, témoin celui-ci :

Une dame, douée d'un embonpoint remarquable, monte dans un omnibus et cherche à caser sa puissante personne à la seule place qui reste vide. Elle ne peut y réussir.

— Serrez-vous donc un peu ! s'écrie un jeune homme galant ; madame n'a pas de quoi s'asseoir.

— Pardon, répond la dame, j'ai de quoi, mais je ne sais où le mettre.

Toutefois, il serait imprudent d'affirmer que ceci est anglais. Il nous semble, en effet, avoir lu quelque part une légende où l'on voit un chœur d'anges descendant sur la terre pour rendre visite à sainte Cécile, leur rivale :

— Mes beaux messieurs, dit sainte Cécile, donnez·vous la peine de vous asseoir.

— Vous êtes bien aimable, madame, répond l'un des anges, mais nous n'avons pas de quoi.

Toqué, timbré. — C'est sa marotte.

Pendant assez longtemps, surtout au quinzième et au seizième siècle, il fut d'usage, pour les rois de France, d'attacher à leur suite un *fou*, ou plutôt un bouffon, dont les bons mots, les gestes, les plaisanteris, les impertinences même, devaient égayer la cour.

Cet usage venait d'Orient ; il se généralisa en Europe après les croisades.

Gonelle, le fou du marquis de Ferrare, Triboulet, le fou de François Ier, l'Angely, le fou du prince de Condé, sont

presque célèbres pour leurs réparties et leurs farces spiri-
tuelles.

Les gravures du temps nous représentent les *fous* tenant
à la main, en guise de sceptre, un bâton enguirlandé, appelé
marotte; leur tête est couverte d'un bonnet ou *toque* d'étoffe
bigarrée ; cette toque est surmontée de petites clochettes ou
timbres que le moindre mouvement faisait carillonner.

Cette *toque* et ces *timbres* ont donné lieu aux expressions
populaires *toqué, timbré* (qui porte une toque et des timbres)
par lesquelles on désigne un homme qui divague, ou qui,
simplement, fait des plaisanteries absurdes.

Les faits et gestes des fous nous ont encore valu les façons
de parler : *rire comme des fous,* — *fou rire,* — *avoir une
tocade.*

Tous les *fous* n'étaient pas vêtus de la manière que nous
avons indiquée. Quelques-uns s'habillaient comme les seigneurs; d'autres ne prenaient que par circonstance un costume original Mais rarement, quel que fût leur costume, ils
paraissaient devant la cour sans tenir à la main une sorte de
sceptre ou bâton appelé *marotte*, au sommet de laquelle se
trouvait une petite figure bizarrement coiffée et ornée de
grelots.

La marotte était le signe distinctif des *fous.* De là nos locutions : avoir une marotte — chacun a sa marotte. De nos
jours, *marotte* est à peu près synonyme d'*idée fixe,* de *manie.*

P. S. — Dans *Ivanhoe,* Walter Scott complète en ces
termes le portrait du fou Wamba :

« ... Il avait sur la tête un bonnet garni de clochettes pa-
reilles à celles qu'on attache au cou des faucons, et on les
entendait sonner à chaque mouvement qu'il faisait, c'est-à-
dire presque continuellement, attendu qu'il changeait de
posture à chaque minute. Ce bonnet, bordé d'un bandeau de
cuir découpé en forme de couronne, se terminait en pointe,
et retombait presque sur l'épaule, comme un de nos anciens

bonnets de nuit ou comme le bonnet de police d'un hussard de nos jours : c'était à cette partie ue l'ajustement de la tête que les clochettes étaient attachées. Cette particularité, la forme du bonnet et l'expression moitié folle et moitié malicieuse de la physionomie de Wamba, indiquait suffisamment qu'il appartenait à cette race de *clowns* ou bouffons domestiques que les grands entretenaient pour charmer les heures qu'ils étaient obligés de passer dans leurs châteaux... Le couteau était remplacé par un sabre de bois, semblable à la batte dont Arlequin se sert sur nos théâtres modernes... »

Plus on est de fous plus on rit tient encore au même ordre de faits. Lorsque les seigneurs se réunissaient pour des parties de plaisir, même pour la discussions d'affaires politiques, ils se faisaient toujours suivre de leurs *fous*. Plus d'une fois un *fou* assista à de graves délibérations et y mit son mot, — qui n'était pas toujours le moins sensé ; car ces personnages n'avaient souvent de fou que le nom, et plus d'un, en vertu des immunités attachées à son titre, savait dire en riant de terribles vérités à son maître.

Ecrire comme un notaire.

Si ce dicton signifie *écrire vite,* je lui tire mon chapeau, comme à un messager de la vérité.

Mais s'il signifie *écrire bien*, élégamment, lisiblement, — je proteste.

Parmi les signes, aussi nombreux que peu équivo, 'es, auxquels on reconnaît du premier coup un notaire, un huissier, un greffier, un avocat, un juge, il faut placer en tête de colonne : écriture illisible ; — signature hiéroglyphique.

Et pour que MM. les officiers de la foi publique ne m'accusent pas de dénigrement systématique, je mets tout de suite en avant ma grosse artillerie.

Le mot *notaire*, du latin *notarius*, signifie *qui écrit mal*, qui écrit illisiblement.

Venons aux preuves. C'est l'impitoyable histoire qui va les fournir.

Los notaires proprement dits n'existaient pas chez les Juifs ; la loi de Moïse reconnaît cependant que certains actes doivent être écrits par des écrivains publics, ou *scribes*. Du temps de Jésus-Christ, les scribes ne jouissaient pas d'une réputation immaculée.

Les Grecs avaient des officiers publics dont les fonctions répondaient à celles de nos notaires. Aristote dit positivement que ces officiers sont indispensables à une cité. Ce qui prouve que, du temps d'Aristote, comme du nôtre, il y avait des gens policés pour qui les engagements verbaux n'avaient rien de bien sacré.

A Rome, il y avait des *scribes* et des *tabellions* « qui recevaient les contrats et autres actes publics. » A leurs fonctions particulières ils ajoutaient celles qui ont, depuis, été attribuées aux greffiers, c'est-à-dire qu'ils enregistraient les sentences des juges et même des empereurs. Lampride rapporte, dans la vie d'Alexandre Sévère, qu'un tabellion fut banni, après avoir eu les nerfs de la main droite coupés, pour avoir falsifié une sentence rendue par le conseil de l'empereur.

Ceci dit, venons à l'étymologie du *notaire*.

Cicéron avait un affranchi, nommé Tyron, qui s'exerça avec succès à remplacer les syllabes, et même les mots, par des signes. Tyron en était arrivé à écrire aussi vite que la parole ; il est donc le véritable inventeur de la sténographie, à moins, ce qui est probable, qu'on ne puisse trouver un précurseur à Tyron ; car il n'est guère d'invention dont l'idée première ne soit aussi vieille que l'homme. Il me semble en effet que les Grecs connaissaient la sténographie.

Il existe encore, m'a-t-on assuré, à la Bibliothèque nationale et à celle du Vatican, des manuscrits très anciens, écrits avec les signes de Tyron; ils datent du temps de Charlemagne. On en a retrouvé la clef.

Donc Tyron perfectionna, à Rome, l'écriture par *signes*. Les écrivains publics adoptèrent ce mode d'écriture qui leur permettait d'aller vite. Ce qu'ils écrivaient était illisible pour le vulgaire, mais ils savaient s'y reconnaître, et cela suffisait.

Or, *signe* se dit en latin *nota*, et on appela *notarii* (qui écrivent par signes) les officiers publics chargés de recevoir les contrats et d'enregistrer les sentences.

On voit donc que *notaire* veut dire exactement : *qui écrit d'une façon illisible,* par abréviations.

C'est ce qu'il fallait démontrer. C. Q. F. D., comme on dit dans les classes de mathématiques.

S'il était besoin d'une autre preuve, j'ajouterais que les Romains donnaient encore aux notaires le nom de *cursores* (coureurs), non pas qu'ils considérassent ces officiers ministériels comme des libertins courant la pretantaine, mais parce que leur plume, leur *style,* courait vite. De *cursores* est venu *cursive* appliqué à l'écriture rapide.

Dans le principe, les esclaves pouvaient être notaires. Plus tard cette fonction dut être remplie uniquement par des hommes libres. Arcadius et Honorius décidèrent que les notaires auraient rang parmi les magistrats. Une décision analogue fut prise à l'égard des greffiers dont les fonctions commencèrent à devenir distinctes de celles des notaires.

La domination romaine introduisit les notaires en Gaule. Cette introduction ne fut pas ce qui choqua le moins les Gaulois, accoutumés à considérer les promesses verbales comme sacrées. Le papier timbré (car il existait à Rome) peut être considéré comme le coup de massue qui anéantit la Gaule druidique

Nos premiers rois eurent des secrétaires qu'on appelait *notaires.*

Au moyen âge, les seigneurs, les évêques, les abbés étaient tenus d'avoir des notaires. Un capitulaire de Charlemagne est formel à cet égard. Leur mission était de passer par écrit les actes des particuliers, sous la sauvegarde du seigneur, de l'évêque ou de l'abbé.

Jusqu'au quinzième siècle, l'art de l'écriture était si peu répandu, qu'un notaire passait nécessairement, aux yeux du vulgaire, pour une fontaine de science. Que son écriture fût belle ou laide, correcte ou illisible, pour le public ce n'était que du noir sur du blanc; et comme le public est invinciblement porté à admirer ce qu'il ne comprend pas, on voit tout de suite comment put s'établir le dicton : *il écrit comme un notaire.*

Les temps étant changés, je propose qu'à l'avenir le sens de ce dicton soit : *écrire d'une façon illisible* et surtout *incompréhensible.*

Mais, me diront les notaires, ce n'est pas de notre faute si notre style ressemble à un écheveau de fil avec lequel un chat aurait joué toute une après-midi; il existe des formules consacrées auxquelles nous sommes tenus de nous conformer; plusieurs de ces formules remontent à Justinien ; elles sont sœurs de celles qu'on emploie au Palais, et nous ne sommes pas révolutionnaires.

Ces raisons sont pitoyables. Messieurs les notaires, écrivez lisiblement et employez un style lucide. Et si l'autorité se fâche, mettez-vous en grève. C'est le moyen à la mode.

Ou si ce moyen vous paraît trop radical, attachez chacun à votre étude un *traducteur.*

Je donne le même conseil aux huissiers, aux avoués, à tous ceux qui portent le nom d'officiers ministériels.

On me contait dernièrement l'histoire d'un malheureux jeune homme qui, ayant reçu une liasse de papier timbré qui le mettait en possession d'un héritage de deux millions, se trompa sur la teneur dudit papier, fut pris d'un accès de désespoir, partit pour les Indes, fit naufrage et se noya.

Evidemment, le notaire qui a cette mort sur la conscience, ne doit pas dormir en paix.

Mettre en face d'un dilemme. — Argument cornu. — Raisonnement biscornu. — Raisonner comme un crocodile. — L'avocat et son clerc.

Dilemme vient d'un mot latin, originaire lui-même du grec, qui signifie *arme à deux tranchants*.

Le dilemme est un raisonnement qui contient deux propositions contraires ou contradictoires, dont on laisse le choix à l'adversaire, qui est forcé d'arriver à une conclusion unique, qu'il adopte l'une ou l'autre des propositions.

Mettre quelqu'un *en face d'un dilemme*, c'est donc lui ôter toute alternative.

Le philosophe Aristippe proposait le dilemme suivant à ceux qu'il voulait dissuader du mariage :

Si vous vous mariez, votre femme sera belle ou laide : si elle est belle, elle vous causera de la jalousie ; si elle est laide, elle vous donnera du dégoût : donc il ne faut pas vous marier.

Dans les écoles, on donne souvent le dilemme suivant comme modèle :

Ou tu étais à ton poste, ou tu n'y étais pas. Si tu y étais, tu as laissé entrer l'ennemi sans donner l'alarme, et tu mérites la mort; si tu n'y étais pas, tu es déserteur, et tu mérites la mort : donc tu mérites la mort.

Le dilemme est quelquefois appelé *argument cornu* parce qu'il peut frapper des deux côtés comme les cornes d'un taureau. C'est en souvenir de ce terme d'école que le peuple appelle *raisonnement biscornu* un raisonnement bizarre. Dans la conversation, *argument cornu* est encore souvent employé pour désigner, non-seulement un dilemme, mais tout argument, toute affirmation qui, suivant l'expression vulgaire, met l'adversaire au pied du mur.

Les rhéteurs ont encore imaginé une variété de dilemme, appelé *crocodile*.

Le *crocodile* est un dilemme qui masque des réticences, qui donne lieu à des échappatoires de la part de celui qui y a recours.

Cette singulière appellation lui vient, selon quelques-uns, de ce que l'individu que l'on met en face d'un raisonnement de ce genre, est dans la même situation qu'un homme se trouvant tout à coup en face d'un crocodile. S'il ne bouge pas, la bête le saisit; s'il fuit elle le poursuit, et il ne peut avoir chance d'échapper qu'en employant la ruse : en effet la disposition des écailles du crocodile ne lui permet pas de tourner rapidement sur lui-même, et le fugitif peut échapper si, connaissant cette particularité, il court en zig-zag et opère de brusques retours en arrière.

Selon d'autres, l'appellation de *crocodile* puise son origine dans l'histoire suivante, inventée sans doute par quelque rhéteur qui voulait embarrasser ses élèves.

Un crocodile avait enlevé le fils d'une pauvre femme, pendant qu'il jouait sur les bords du Nil. La mère désolée suppliait le monstre de lui rendre son fils. Le crocodile lui promit de le lui rendre sain et sauf si elle répondait juste à une question qu'il allait lui proposer. *Veux-je te rendre ton fils, ou non ?* demanda-t-il. La femme, soupçonnant que l'animal voulait la tromper, répondit : *tu ne veux pas me le rendre;* puis elle demanda que son fils lui fût rendu, disant qu'elle avait pénétré la véritable intention du crocodile. *Point du tout,* repartit le monstre, *car si je te le rendais, tu n'aurais point dit vrai;* ainsi je ne puis point te le donner sans que ta première réponse ne soit fausse, ce qui est contraire à nos conventions.

Si la mère avait répondu : *tu veux me le rendre,* il est facile de prévoir ce qu'aurait objecté le crocodile.

Dans la conversation, au lieu d'appliquer l'appellation de *crocodile* à un raisonnement captieux, on l'applique à celui qui fait le raisonnement.

De là la locution familière : *raisonner comme un crocodile.*

L'histoire de la femme et du crocodile rappelle un peu celle de l'avocat et de son clerc.

Un avocat était convenu avec son clerc, par un traité, de ce qui suit :

1° Le clerc paierait trois mille francs au patron, si ledit clerc gagnait sa première cause ;

2° Il ne paierait rien pour son stage s'il perdait sa première cause.

Lorsque le clerc se sentit capable de plaider, il dit à son patron :

— Vous deviez me donner des leçons que vous ne m'avez pas données ; et si j'ai appris quelque chose, ce n'est pas à vous qu'il me faut en savoir gré. Quand même je gagnerais ma première cause, vous n'aurez rien.

— Nous allons plaider, répondit le maître.

— Soit, plaidons.

La cause fut déférée au tribunal, et les juges déclarèrent que les services rendus au patron par le clerc compensaient largement les quelques leçons qu'il avait reçues, et que, par conséquent, l'élève ne devait rien au maître.

Alors le maître dit à l'élève :

— Notre traité porte que si vous gagnez votre première cause, vous me verserez trois mille francs. Vous avez gagné votre première cause ; exécutez-vous.

— Pardon, riposta l'élève, le tribunal a déclaré que je ne vous devais rien.

— Il est vrai que le tribunal a déclaré cela, mais il est également vrai que notre traité porte que vous me donnerez trois mille francs si vous gagnez votre première cause, et vous l'avez gagnée.

— La loi a parlé ; je ne vous dois rien.

On voit que nos deux hommes auraient pu se chicaner longtemps sur ce terrain, et le rhéteur qui a inventé cette histoire avait sans doute en vue, non-seulement de donner

2° SÉRIE.   3 un exemple d'*argument cornu*, mais aussi de ridiculiser les arguties auxquelles les avocats des derniers siècles demandaient toutes leurs ressources d'éloquence.

Qui voit ses veines, voit ses peines.

Dans les artères, le sang, venant directement du cœur, est d'un rouge éclatant. Des artères il passe dans les veines, par de petits vaisseaux disséminés sur tout son parcours, et là il devient noir. Cette couleur noire est engendrée par l'acide carbonique et d'autres matières provenant de l'usure des tissus de notre corps.

Le sang artériel ou rouge est chargé de porter à tout l'organisme les éléments reconstituants qu'il a puisés dans la nutrition et la respiration, et le sang veineux ou noir est chargé d'emporter les produits de l'usure des tissus, pour les éliminer ensuite par les poumons, la peau et les reins. L'un apporte sans cesse les matériaux de la vie; l'autre les emporte sans cesse, quand leur fonction est accomplie. Une interruption de quelque durée amènerait la mort, et nous serions forcés de manger constamment pour vivre, si le sang n'avait le pouvoir de puiser des éléments dans les réserves qui existent dans les organes. Encore ces éléments ne peuvent-ils être utilisés qu'à condition d'être mis en contact avec l'oxygène de l'air par la respiration. C'est pour cela qu'il nous faut respirer sans interruption.

Le sang veineux devant sa couleur noire à l'acide carbonique, résultat de la combinaison du carbone du corps avec l'oxygène absorbé par la respiration, et aux produits usés des tissus qu'il entraîne avec lui, — il devient clair que le sang veineux d'un homme est plus noir, s'il travaille beaucoup, c'est-à-dire si ses tissus s'usent beaucoup. Celui qui

travaille fort est obligé de respirer plus souvent ; il absorbe
donc plus d'oxygène, et la production de l'acide carbonique
devient plus abondante. Donc les veines sont plus visibles,
leur contenu est plus noir, chez celui qui travaille, qui se
donne de la peine, que chez celui qui reste oisif.

Le résultat sera le même chez une personne débilitée ou
malade, qui ne pourra plus manger, ou ne pourra manger
que fort peu. Le sang artériel ne recevant presque plus d'é-
léments reconstituants, laissera les tissus en détresse ; et
comme le travail de la *vie* ne subit pas d'interruption, ces
tissus perdront peu à peu leur réserve qui continuera à s'en
aller par le sang veineux ; ils maigriront et finiront par devenir presque transparents, car le sang artériel ne sera plus
assez riche pour leur donner une couleur rose. Les veines
seront d'autant plus visibles.

Donc, qu'il s'agisse de l'usure des tissus par un travail
matériel pénible ou par la maladie, le dicton a raison de
dire : qui voit ses veines voit ses peines.

Et comme les souffrances morales produisent sur le corps
le même effet que les souffrances matérielles, le dicton a encore raison, s'il s'applique aux peines du cœur.

Donec eris felix... — Les rats déménagent.

Ovide avait déplu à Auguste : il fut exilé sur les bords du
Pont-Euxin. Là, au milieu des forêts, partageant l'existence
de peuplades à demi-sauvages, l'harmonieux auteur des
Tristes et de l'*Art d'aimer*, exhalait en strophes plaintives les
regrets que lui causaient la patrie perdue, les amitiés éva-
nouies, et, disons-le aussi, l'absence des plaisirs de Rome.
Car Ovide était, comme Horace, un épicurien, dans le mauvais sens du mot.

On a comparé Madame de Staël, exilée à Coppet, sur les bords du Léman, au poète latin exilé dans les forêts humides du Danube. Comme Ovide, l'auteur de *Corinne* s'est lamentée ; de même qu'il regrettait Rome, elle regrettait Paris et le *ruisseau de la rue du Bac*. Mais on ne peut établir de comparaison morale entre les vers qu'Ovide adressait aux maîtres de Rome, pour obtenir sa grâce, et la fière prose que la fille de Necker envoyait à Bonaparte pour lui demander de lever la sentence de son exil. Le premier s'humilie ; la seconde se justifie, et sa prière peut se résumer en ces mots : L'homme le plus puissant du monde a-t-il donc peur d'une femme ?

Parmi les vers qu'inspirait à Ovide l'amertume de l'exil, deux sont restés dans le langage courant :

« *Donec eris felix multos numerabis amicos ;*
» *Tempora si fuerint nubila, solus eris.* »

Tant que tu seras heureux, tes amis seront nombreux ; vienne l'adversité, tu resteras seul. »

On rappelle souvent ce distique, en se contentant généralement de citer les trois premiers mots : *Donec eris felix...* ou les deux derniers : *solus eris*, tu seras seul.

Rutebœuf s'est inspiré d'Ovide, s'il ne l'a surpassé :

Ce sont amis que vent emporte,
Et il ventait devant ma porte.

Le P. Félix a comparé les faux amis qui s'enfuient à l'approche de l'adversité, aux oiseaux qui, perchés sur un arbre, s'envolent aussitôt que la cognée du bûcheron a retenti sur la tige.

La langue populaire possède une locution moins poétique que le *solus eris*, mais que son cachet pittoresque et le détail curieux auquel elle fait allusion, rendent digne d'une mention.

Si les parasites s'éloignent d'un puissant qui tombe ; si les capitaux s'éloignent d'une entreprise ; si l'indifférence succède à l'engoûment pour un personnage ou une idée, — le peuple dit : *les rats s'en vont, — les rats déménagent.*

Cette façon de parler vise un fait singulier de l'histoire des rats.

On a remarqué — et ce pronostic n'est pas trompeur — que lorsque les rats désertent une maison, c'est que cette maison menace ruine

Comment ces rongeurs peuvent-ils être informés de la situation ? Probablement par un examen des fondations près desquelles ils établissent leurs retraites, et surtout par les craquements, imperceptibles pour l'homme, mais très perceptibles pour eux, qui se produisent par suite de la désagrégation de la maçonnerie. On sait en effet que les rats ont le sens de l'ouïe d'une délicatesse extrême, et pour la ruse, ils en revendraient aux chats, ce qui n'est pas peu dire.

Il y a quelques années, un employé de la voirie parisienne remarqua, vers les trois heures du matin, une légion de rats qui sortait des soupiraux d'une cave. Quand ils furent réunis sur le trottoir, ils se rangèrent en bon ordre et, à un petit cri du chef de la bande, partirent en colonne serrée vers une destination inconnue.

Le voyer, qui connaissait le dicton, alla prévenir le propriétaire de la maison et, sans lui dire sur quoi il basait son opinion, l'invita à faire visiter le bâtiment par des architectes, le prévenant qu'il menaçait ruine. Le propriétaire objecta que sa construction n'avait pas vingt ans et qu'elle était solide comme les Pyramides. Toutefois, il se décida à appeler des hommes du métier, et fit bien, car ceux-ci déclarèrent que des éboulements étaient imminents et qu'il fallait évacuer la maison au plus vite.

Quelques naturalistes accusent le rat d'être lui-même l'auteur des accidents que sa fuite pronostique. C'est, disent-ils, en fouissant le sol des fondations, pour y établir ses terriers, qu'il finit par ébranler la base des maisons. Pline raconte en effet que des cités entières ont été détruites par des légions de rats, et il n'est pas impossible qu'une grande quantité de ces rongeurs ne puisse, en s'attaquant tantôt aux charpentes,

tantôt au mortier et même aux pierres, désagréger complètement les différentes parties d'un édifice. Mais il est plus
probable que le fait qui nous occupe est dû plus particulièrement à la finesse de l'ouïe chez les rats, qui les avertit du
moindre symptôme de ruine.

Du reste, pour l'intelligence, les rats viennent en première
ligne parmi les animaux. Les ruses, sans cesse nouvelles,
qu'ils mettent en jeu à bord des vaisseaux pour se procurer
de l'eau et des vivres, font le désespoir des marins et des ar-
mateurs. La soif surtout les rend ingénieux.

Il arrive quelquefois que l'eau est si bien protégée contre
leurs attaques, par des plaques de fonte, qu'il ne leur reste
d'autre alternative que de mourir de soif ou d'aller sur le
pont recevoir celle qui tombe du ciel. C'est ce qu'ils font, et
on les voit parfois grimper dans les voiles pour y recueillir
les gouttes de pluie amassées entre les replis. Mais il ne
pleut pas toujours à leur gré. Dans cette situation désespérée,
on a vu les rats d'un navire s'attaquer à une barrique d'eau-
de-vie, y pratiquer une ouverture, et s'enivrer comme des
porte-faix. Remarquons en passant que les rats ne boivent
d'eau-de-vie que quand ils n'ont pas d'eau ordinaire, et que
les porte-faix font justement le contraire.

Les rats, comme tous les autres animaux donnent souvent
des leçons de morale aux hommes.

Il y a quelques années, un journal anglais rapportait le
fait suivant :

Un riche fermier des environs de Londres, venu au marché
de la capitale, s'était levé de fort bonne heure pour disposer
l'emplacement de ses marchandises. Tout en faisant ses pré-
paratifs, il remarqua à l'ouverture d'une gouttière le corps
d'un rat qui sortait lentement à reculons. Le rongeur parut
bientôt en entier, et le fermier s'aperçut qu'il tenait par
l'oreille un autre rat qui paraissait invalide. Derrière l'invalide se trouvait un troisième rat qui poussait. L'invalide
resta là immobile, et les deux autres, se mettant immédiate-

ment en chasse, allèrent lui quérir des vivres parmi les détritus de la voie publique. Ce manège dura quelques minutes, au bout desquelles le vieux rat fit des gestes qui signifiaient clairement : J'en ai assez, mais je boirais bien quelque chose. Les deux autres comprirent, et l'un d'eux, illuminé d'une idée soudaine, ramassa une brindille de bois, la plaça entre les dents de l'invalide, saisit un des bouts, et fit signe à son partenaire de procéder de même Le trio, avec les allures modérées que commandait la situation, se dirigea alors vers une mare où l'invalide se désaltéra amplement. Puis ils repartirent, le faible toujours remorqué par les forts, à l'aide de la brindille, regagnèrent l'ouverture du trou par lequel ils étaient venus, et disparurent.

Le brave Anglais avait compris qu'il venait d'assister au déjeuner d'un vieux rat, impotent et aveugle, qui, fatigué de sa réclusion, avait voulu faire encore une promenade avant de mourir. Il se garda bien de déranger les pauvres et admirables bêtes et, dit le publiciste qui a rapporté ce fait, il pleurait en racontant avec quelle délicatesse respectueuse, quelle sollicitude tendre et intelligente les deux valides s'acquittaient de leur devoir.

Avoir la bosse de...

C'est avoir des dispositons particulières pour une chose, bonne ou mauvaise. On a la bosse de l'amour, de la haine, de la bienveillance, de l'avarice, du meurtre, de l'éloquence, de la poésie, de la musique, etc. Les bons boxeurs ont la bosse de la boxe, et les bons ouvriers en bosse ont la bosse de la bosse.

Cette façon de parler ne remonte qu'aux premières années de notre siècle, et fait allusion aux pratiques de la phrénologie ou crâniologie, mots formés du grec et qui signifient dans leur sens le plus étendu : connaissance des facultés d'un homme par l'examen de son crâne.

La phrénologie est une fantaisie scientifique du médecin allemand Gall et de son disciple Spurzheim. Gall avait fait sur le cerveau des études approfondies qui lui permirent de constater que cet organe n'était pas une masse homogène, mais un ensemble de circonvolutions dont on pouvait obtenir le déplissement. Etant admis que le cerveau est le centre des opérations intellectuelles, il lui vint à l'idée que chacun des lobes dont la réunion constituait la masse totale du cerveau, pourrait bien être le siège particulier d'une opération, d'une faculté. Et comme les protubérances de chaque lobe provoquaient un renflement sur la partie correspondante du crâne, il hasarda cette opinion, que l'examen des *bosses* et des cavités du crâne pouvait indiquer le développement ou l'affaissement des lobes correspondants, par conséquent renseigner sur sur la puissance ou la faiblesse de telle ou telle faculté chez un individu.

Gall ne croyait guère à la vérité de son hypothèse ; mais elle était trop originale pour ne pas séduire les imaginations. La crâniologie devint une manie, et Gall lui-même finit par se laisser entraîner dans le courant. Il faut du courage pour ne pas sacrifier la science ou les principes à la popularité, et le docteur allemand faiblissait chaque fois qu'on venait lui demander nettement : « Croyez-vous à votre système? » ou qu'un grand personnage venait se placer devant lui , en disant : « Docteur, tâtez mon crâne. »

Du reste, quand bien même Gall aurait proclamé hautement qu'il n'avait fait qu'une hypothèse, que cette hypothèse ne s'appuyait encore sur aucune série d'observations capables de déterminer une croyance, sa voix n'aurait pas été écoutée. Il partageait le sort des entraîneurs publics, toujours impuissants à maîtriser le flot auquel ils ont ouvert les écluses. Heureusement qu'ici les noyades ne devaient avoir rien de sinistre.

« On ne peut se figurer, dit M. Berthoud, combien la phrénologie était devenue à la mode et était passée même dans les croyances populaires. On racontait, au sujet des merveilles qu'elle opérait, des légendes presque surnaturelles qui faisaient de Gall une sorte de nécromancien et de diseur de bonne aventure, et que celui qui en était le héros n'eut pas toujours le courage de démentir. Il y avait, hélas ! dans l'anatomiste justement célèbre, je ne sais quoi d'empirique qui, sans doute par un véritable enfantillage, le poussait vaguement à préférer la renommée fantastique qu'on lui créait à la juste réputation due à ses travaux sérieux.

» De temps à autre, néanmoins, sa conscience et le sentiment de sa valeur réelle et de sa dignité se révoltaient : tout en laissant dire qu'on pouvait lire sur les contours du cerveau de l'homme, comme sur les étiquettes d'un casier, il s'éleva énergiquement et à diverses reprises contre les imputations de matérialisme et de fatalisme...

» ... Malgré les protestations de Gall et de ses disciples, on n'en racontait pas moins sur lui, je le répète, mille légendes que le vulgaire prenait au sérieux, comme de bon aloi et parole d'Evangile ; chacun les répétait à l'envi. Entre autres, on assurait qu'un jour Gall, déjeunant dans une auberge allemande, dit à un jeune homme placé à table près de lui et qui le sollicitait avec importunité de lui révéler ce qu'il pensait de la forme de son crâne : « Vous serez un assassin et vous mourrez sur l'échafaud. » Or, le jeune homme était l'étudiant Sand, qui alors, jeune et insoucieux, ne se doutait guère qu'il ferait un jour partie de la redoutable société secrète *Burschenschaft* et que le sort le désignerait pour poignarder Kotzebue. On prétendait encore qu'une autre fois Gall reçut à la nuit tombante la visite d'une femme masquée qui déposa sur la table du phrénologue une somme considérable en billets de banque, et lui demanda d'étudier son crâne sans chercher à voir les traits de son visage.

Gall y consentit, et l'inconnue, dénouant sa longue che-

velure blonde qu'elle éparpilla sur ses épaules, permit au
docteur allemand de promener ses doigts sur sa tête et d'en
constater les *bosses;* c'est ainsi qu'on en était venu à appeler
les formes du crâne. Après de sérieuses études et des calculs
minutieux, Gall, dont la main commençait à trembler et le
visage à pâlir, dit en balbutiant : « Madame, vous êtes une
» souveraine et vous mourrez sans trône; vous êtes mariée
» et du vivant de votre mari vous mourrez sans mari. » La
mystérieuse visiteuse s'évanouit, et en lui donnant des
soins, Gall reconnut l'impératrice Joséphine.

« Que conclure de ceci? C'est que ni le poids du cerveau,
ni ses évolutions, ni sa forme, ni la boîte osseuse qui l'enveloppe, n'offrent en rien à la science des données plus sérieuses que la chiromancie, que certains adeptes commen-
cent à reprôner, et que le grand jeu de cartes, que plus
d'une personne sérieuse ne rougit pas aujourd'hui d'aller
consulter clandestinement chez quelque charlatan en vogue. »

La vogue de la phrénologie a été longue, et cette préten-
due science possède encore des adeptes, — tout comme le
mouvement perpétuel et la quadrature du cercle. Il est facile
de s'expliquer cette persistance : les diseurs de bonne aventure par l'examen du crâne, ne procédaient pas autrement
que les chiromanciens et les tireuses de cartes; ils disaient
brutalement à leur client : Vous avez la bosse de l'avarice !
— puis, continuant à promener leurs doigts sur les protubérances du crâne, ils ajoutaient : Vous avez aussi la bosse de
la générosité. De sorte que le client, désolé d'être avare, se
consolait en pensant que la bosse de la générosité ne manque-
rait pas de faire bonne guerre à cette vilaine bosse de l'avarice; il chassait l'idée d'Harpagon et s'arrêtait complaisam-
ment à celle du Petit-Manteau bleu.

« Un jour, dans ma jeunesse, dit M. L. Viardot, il m'arriva
de rencontrer l'illustre docteur Gall... Des choses qu'il dit à
mon sujet, la plupart étaient de nature à ce qu'on ne les
oubliât jamais, et l'une entre autres : il me trouva, au-dessus

des oreilles, la bosse du meurtre, et, au dessus du front, la bosse du sens moral, de la *bienveillance*, celle que nul animal ne partage avec l'homme, et qui corrige dans l'homme les instincts animaux. En combinant ces deux puissances innées, qui devaient agir toutes deux, mais en sens contraire, de façon que l'une combattît l'autre et la fît dévier, il devina le résultat de cette lutte : Je suis sûr, me dit-il, que vous êtes chasseur. »

On voit que Gall avait, pour son propre compte, la bosse de la conciliation, la bosse de l'esprit, et même la bosse de l'ironie.

Dans son intéressant ouvrage, le *Vieux-neuf*, M. Edouard Fournier a démontré que Gall n'était pas l'inventeur du système qui porte son nom :

« Parlons d'abord de la *Phrénologie*, dont la première origine n'est autre chose qu'une espèce de divination en usage chez les Indous : « Plusieurs entre les brahmes du » royaume de Carnate croient que tous les hommes ont leur » destin écrit chacun sur leur tête ; et quand on leur demande » où cela est écrit, il répondent que les sutures du crâne » sont les caractères de cette écriture mystérieuse ! » De ces idées au système de Gall, il n'y a qu'un pas. Au moyen âge, il était franchi. Le système crânioscopique avait déjà ses principales bases ; mais c'est surtout au point de vue médical qu'elles étaient posées. Tout médecin qui avait une folie à traiter connaissait son crâne humain par cœur. Il savait où était la cellule de la mémoire, où celle de l'imagination, etc. La *Somme* de « maistre Gautier » lui avait appris en quel endroit il fallait, entre les deux cellules, inciser la peau crucialement. Jean de Garlande, au mot *frenesis* de son *Dictionnaire*, donne cette théorie toute phrénologique de la folie : « Si l'inflammation est dans la partie antérieure de « la tête, l'imagination est lésée ; si, dans la partie moyenne, » la raison ; si, dans la partie postérieure, la mémoire. »

» Un siècle auparavant, Avicenne s'était occupé de la

localisation des facultés, et Albert le Grand avait dessiné une tête qui les montrait, en effet, localisées presque toutes... »

M. Fournier accumule d'autres preuves d'où il résulte clairement que Gall n'est qu'un plagiaire Ajoutons savant, car, de l'avis de tous les hommes compétents, personne mieux que Gall ne connaissait le cerveau humain. « Je n'oublierai jamais, dit M. Flourens, l'impression que j'éprouvai la première fois que je vis Gall disséquer un cerveau. Il me semblait que je n'avais pas encore vu cet organe. »

« Dans l'état actuel de la science, dit le docteur Le Bon, nous ne possédons aucune preuve qu'une seule des localisations tentées par Gall soit exacte. Cependant on doit reconnaître qu'on rencontre des individus doués de plusieurs des qualités ou des défauts qu'indique la forme de leur tête étudiée d'après la phrénologie, de même qu'on rencontre des sujets dont le caractère est bien en rapport avec les traits de leur visage étudiés d'après les règles posées par les physionomistes. Mais, de ce que la saillie de la partie antérieure du front se rencontre, je suppose, chez les individus doués de sagacité comparative, on ne serait pas plus fondé, je crois, à dire que la portion correspondante du cerveau est le siège d'une faculté dite de sagacité comparative, qu'on ne pourrait, dans le cas où on reconnaîtrait que les individus qui ont le nez très aquilin ont réellement le caractère très impérieux, admettre qu'il y a dans la saillie du nez un organe spécial produisant cette disposition spéciale du caractère. Le front saillant et la sagacité comparative, de même que le nez aquilin et le caractère impérieux, sont les extrémités d'une chaîne dont nous ne connaissons nullement les anneaux intermédiaires. »

D'après le docteur Le Bon, la connaissance des aptitudes et du caractère d'un individu par la conformation extérieure de ses organes, ne peut offrir quelque probabilité qu'à la suite d'une étude approfondie d'autres questions, telles que l'éducation de l'individu, le milieu dans lequel il vit, le travail auquel il se livre, etc. « En constatant chez un sujet l'existence ou l'absence d'une seule aptitude déterminée, on apprend peu de chose et on est exposé à commettre des erreurs profondes. Les diverses facultés s'influent réciproquement et leur résultat est une résultante unique, que ne pouvait souvent faire prévoir le développement d'une seule. Deviner cette résultante, bien qu'on en connaisse les éléments, est souvent aussi difficile que de dire, en voyant l'une à côté de l'autre et en proportion inégale des couleurs sur une palette, quelle sera exactement la teinte qui résultera de leur mélange... Si l'on néglige l'étude de ces éléments, on ne voit qu'un des côtés du problème, et, quand bien même toutes les localisations de Gall seraient exactes, leur application faite en négligeant les facteurs que nous venons de mentionner, pourrait conduire aux plus grossières erreurs. C'est ainsi, par exemple, qu'en examinant la tête du célèbre assassin Dumollard, exécuté il y a quelques années, un savant médecin, parfaitement compétent en phrénologie, puisqu'il avait été préparateur du cours de phrénologie professé par Broussais, a été obligé de reconnaître que ce vulgaire assassin possédait très développés les organes de la vénération, de la bienveillance et de l'ordre, tandis que le développement de l'instinct de la destruction n'avait rien d'anormal. Il était cependant facile, sans avoir recours à aucune localisation phrénologique, de comprendre au simple aspect de la tête de cet individu et étant connues l'éducation qu'il avait reçue et la position sociale qu'il occupait, comment il avait pu devenir un criminel de la pire espèce. La partie antérieure du crâne, dont le développement est proportionnel à l'intelligence, était très déprimée, tandis que la partie postérieure, dont les dimensions sont en rapport avec l'énergie des instincts, était très développée. Avec des instincts violents et pas assez d'intelligence pour lui faire comprendre la nécessité de les réfréner ou lui donner les moyens de gagner par son travail de quoi les satisfaire, on s'explique facilement que le possesseur d'une tête semblable n'ait pas reculé devant le vol et l'assassinat. »

Conclusion. On ne peut affirmer que le développement d'une vertu ou d'un vice, chez un individu quelconque, se manifeste clairement par une protubérance sur un point du crâne déterminé à l'avance. Et quand même cela serait, ce développement peut être neutralisé par un développement contraire.

Il paraît hors de doute cependant, de l'avis de tous les physiologistes, que la *forme* du cerveau, non son *poids*, peut indiquer à peu près la somme d'intelligence et d'instincts de l'individu. Un cerveau rejeté en avant, comme celui des Européens, dénote l'intelligence ; rejeté en arrière, comme celui des sauvages, il dénote des instincts. Mais on ne peut tirer de ce fait que des indications très vagues. De même que cent jolies femmes peuvent être jolies sans se ressembler, de même cent cerveaux peuvent être bien conformés, avoir appartenu à des individus intelligents et même vertueux, sans offrir la moindre unité de conformation.

Manger à la même écuelle.

Cette façon de parler remonte aux coutumes gastronomiques de nos pères.

M. Henri Berthoud donne, d'après un manuscrit original, la description suivante d'un repas chez un riche bourgeois messin du quinzième siècle :

« Chaque convive s'asseyait devant une table recouverte d'une nappe et tirait de sa poche son couteau, tandis que le maître du logis arrivait avec une *crucque* remplie de vin qu'il venait de tirer lui-même au tonneau. On appelait crucques de petites cruches en terre fabriquées à Cologne, et aussi recherchées en ce temps-là que le sont aujourd'hui les porcelaines du Japon.

» La femme du bourgeois, qui ne prenait point place à côté des convives, servait ensuite dans une écuelle ou dans de grands plats d'étain les soupes, les brouets et les viandes découpées. Comme personne n'avait d'assiette, chacun, à la ronde, en commençant par le plus qualifié, recourait à une cuiller en bois à manche d'argent pour puiser à même dans le plat, si le mets était liquide, ou enlever adroitement avec la pointe de son couteau un morceau de viande qu'il plaçait sur son pain.

» Parfois on versait le vin dans un verre, mais le plus souvent on buvait à même à la *crucque*. Généralement on s'essuyait les doigts à la nappe.

» Les gens riches et qui se piquaient de recherche servaient à leurs invités des morceaux de viande taillés à l'avance en languettes et disposés sur des tranches de pain appelées *lesches*.

» Une ou deux *lesches* au plus formaient à chaque service la part d'un convive. »

Dans les grands festins donnés par les seigneurs, le maître du logis avait soin de faire disposer les couverts de façon que chaque homme eût une dame à son côté. Cela se pratique encore quelquefois de nos jours : la différence est que, chez nos ancêtres, il n'y avait qu'un couvert par couple, c'est-à-dire que le verre, l'assiette, etc., servaient en même temps au cavalier et à sa dame.

Il fut même un temps où verre, assiette, fourchette, etc., étaient des articles inconnus dans les plus riches maisons. Alors, il y avait, pour chaque couple, une écuelle où l'on plaçait les mets, et d'où chacun les extrayait avec ses doigts.

Un roman du moyen âge, parlant d'un grand repas où assistaient des centaines de chevaliers, dit : « Et si n'y eust cesluy qui n'eust dame à son escuelle. »

Pipe d'écume de mer.

Doit-on dire : *pipe d'écume de mer* ou *pipe Kummer?*
Les partisans de la seconde manière prétendent que les pipes en question ont été inventées par un nommé Kummer qui leur donna son nom. Et si vous leur dites que personne n'a jamais entendu parler de ce Kummer, que c'est un personnage inventé pour les besoins de la cause, ils vous répondent qu'il est absurde de prétendre qu'on peut faire des pipes avec l'écume de l'Océan.

Ils ont raison de qualifier d'absurde cette prétention. En admettant qu'on puisse solidifier l'écume de la mer, il serait douteux qu'on obtînt une matière propre à faire des pipes.

Cependant il faut dire *pipe d'écume de mer.*

Tout le monde connaît la *magnésie,* cette poudre blanche, douce, insipide, inodore, qui forme la base du *sulfate de magnésie,* le précieux succédané de l'huile de ricin. On trouve de la magnésie dans l'eau de mer, dans l'eau de certaines rivières et dans celle de quelques sources thermales, en particulier les sources d'Epsom et de Sedlitz. Mais la magnésie se rencontre surtout dans les montagnes à l'état de grosses masses terreuses. Ces masses offrent six aspects différents qui ont fait diviser la magnésie terrestre en six espèces. L'une d'elles, que les savants appellent hydro-silicatée ou magnésite, a une variété dont le nom vulgaire est *écume de mer,* parce que son aspect offre quelque ressemblance avec l'écume de l'Océan. C'est avec la *magnésite,* ou plutôt avec une terre mélangée de magnésite, qu'on fabrique les pipes en question.

P. S. — Kummer ou *Cummer* est un personnage inventé par Alphonse Karr.

Poudre d'escampette.

Le verbe *escamper*, qui n'est plus dans notre langue, signifiait autrefois *s'enfuir*. Il s'est métamorphosé en *décamper*,
mais en nous laissant cependant *escampette*, mot qui ne s'emploie que dans *poudre d'escampette* (poudre qui fait courir).

Prendre de la poudre d'escampette, avec son sens actuel de
s'enfuir, se sauver à toutes jambes, fait évidemment allusion
à la situation d'une personne qui, ayant pris une certaine
poudre, quitte brusquement hommes et choses pour devenir
l'esclave de la nature. Cette locution doit être contemporaine
de Molière. On sait que, à cette époque, la méthode du docteur Purgon faisait fureur; tout traitement débutait par là,
s'il ne continuait pas par là et ne finissait pas par là, et les
chroniqueurs nous ont conservé le nom d'une infinité de
poudres qui firent la fortune de plus d'un charlatan et dé-
chirèrent les entrailles de tout Paris. La manie fut telle à
un moment qu'on se purgeait préventivement, par caprice,
ou simplement parce que c'était bon genre.

Pauvre humanité! Comprenez-vous que le suprême de la
distinction puisse être de faire répondre à ses visiteurs
évincés : Madame a pris médecine, — Monsieur vient de
prendre sa poudre.

Il est vrai que, en fait de bon ton, tout est relatif. Les
Chinois se tirent la langue pour se saluer, et les voyageurs
racontent qu'au pays de Sennaar, en Nubie, les courtisans,
au lieu de se prosterner devant le roi, lui tournent le dos et
font la révérence à l'envers, en s'appliquant une forte tape
sur... l'hémisphère droit de... la mappemonde. Plus la tape
est vigoureuse et retentissante, plus est grand l'honneur
rendu au monarque.

Heureux monarque!

2° SÉRIE.

Donner du fil à retordre.

Quand on parcourt les recueils d'ordonnances édictées au moyen âge, et même pendant les derniers siècles, par les rois, les seigneurs ou les communes, sur les questions d'industrie et de commerce, on est tenté de croire qu'un artisan, avant d'apprendre son métier, devait d'abord passer plusieurs années à étudier la législation qui régissait ce métier. Les détails les plus minutieux étaient prévus, et chaque infraction entraînait une amende, ou pire encore. Pour les tisserands, par exemple, les règlements fixaient non seulement la qualité du fil, la longueur, la largeur de la pièce, la disposition de la trame, des portées, de la chaîne, mais encore *le nombre des fils* qui devaient entrer dans la pièce. Et il ne fallait pas plaisanter avec ces règlements : l'un d'eux portait que le tisserand prévaricateur aurait le poing coupé. Heureusement, on l'appliquait rarement.

Alexis Monteil, à qui l'on doit des études si précieuses sur l'histoire des classes populaires, a copié dans les archives d'Abbeville une ordonnance concernant les cordiers, laquelle interdit de mêler des étoupes au fil de chanvre, de recouvrir « noir filé pelé de blanque œuvre », d'employer « canvre embouquié, canvre mouillé et tous fieux mouillés, » etc., etc.

Les tisserands ou cordiers qui se mettaient en contravention avec les ordonnances, et fabriquaient de « malvaises denrées », étaient exposés à voir leurs marchandises « arses » (brûlées) sur la place publique, ou à payer une amende, ou à être incarcérés, quelquefois mutilés, comme voleurs, en cas de récidive. La plupart du temps, ils obtenaient, moyennant une amende, de reprendre leurs marchandises, soit pour les remettre sur le métier soit pour les employer, à leur propre usage. Cette dernière alternative était possible pour les tisserands, mais peu praticable pour les cordiers, excepté ceux qui avaient l'intention de se pendre. Il leur fallait donc alors détordre les cordes, remettre dans son état primitif le chanvre qui avait servi à les confectionner, rejeter les « estouppes et fleux embouquiés », et procéder à un nouveau tordage.

On conçoit facilement que cette opération ait pu les mettre de mauvaise humeur, et qu'ils se soient plaints de ce que l'autorité leur donnât trop de *fil à retordre*.

Un règlement du même genre pesait sur les *retordeurs de fil de laine*. Avant de livrer leur fil pour être mis au métier, ils devaient le soumettre à l'examen d'agents spéciaux qui leur accordaient ou leur refusaient leur estampille. Dans ce dernier cas, il fallait recommencer la besogne et *retordre* le fil jusqu'à ce qu'il fût déclaré irréprochable.

De nos jours, l'autorité ne donne plus de fil à retordre, mais on lui en donne singulièrement.

C'est ma bête noire.

C'était une croyance populaire, chez les anciens, que les mauvais esprits élisaient domicile, de préférence, dans le corps d'un chien noir. Plutarque rapporte, dans la Vie de Cimon, qu'un démon, travesti en chien noir, vint annoncer à ce général sa mort prochaine. Léon, évêque de Chypre, parle également de cette croyance.

Les sorciers se chargèrent de la perpétuer. La plupart, en effet, ne se montraient guère sans être accompagnés d'un chien noir; ils laissaient croire volontiers que ce compagnon n'était autre que le diable lui-même, et l'on conçoit facilement que, si les chiens en général furent discrédités par le

fait des sorciers, les chiens noirs en particulier inspirèrent
aux crédules une terreur et une aversion profondes. Il y a
encore des localités où les chiens noirs sont noyés aussitôt
après leur naissance.

C'est évidemment la croyance relative au chien noir qui
nous a valu la locution : *C'est ma bête noire*, applicable à une
personne dont nous avons peur, dont nous craignons l'influence malfaisante.

Fare da se.

Ces mots italiens signifient *faire par soi-même*, se tirer
seul d'affaire. Ils sont entrés dans un proverbe national fort
cher aux Italien : *L'Italia farà da se*, l'Italie se tirera d'affaire
elle-même.

Fare da se a passé les monts. On dit : *Farò da me*, j'agirai
par moi-même ; *farà da se*, il se tirera bien d'affaire tout seul.

Un plaisant a même imaginé de faire un verbe français
avec la locution italienne. Ce verbe est *faradasser* et se con-
jugue ainsi : *Je faradasse, tu faradasses*, etc., *je faradasserai*,
etc.

Courir le bon bord.

C'était une expression employée par les corsaires pour
signifier qu'il ne fallait poursuivre, *courir* que des vaisseaux
marchands, dont la prise était avantageuse.

Elle s'est conservée dans le langage familier, en s'appliquant à une personne qui recherche en toutes choses le côté
le plus avantageux. Généralement, elle entraîne un peu
d'ironie. Un homme *court le bon bord*, lorsqu'il fait abandon

de ses opinions pour se rapprocher de ceux qui peuvent le mener aux emplois et aux dignités. Les jeunes gens qui, en fait de mariage, ne visent qu'une dot opulente, encourent le reproche de trop courir le bon bord.

On dit aussi : Vous ne courez pas le bon bord, -- c'est-à-dire : vous ne voyez pas où est réellement votre avantage.

La coqueluche du quart er. — Etre coiffé, embéguiné.

Coqueluche, coqueluchon, capuchon étaient autrefois synonymes.

Le capuchon était la couverture de tête qui faisait partie du vêtement des moines. Le mot et la chose existent encore.

Mézeray rapporte que, en 1414, la France fut désolée par une maladie épidémique qui se manifestait sous la forme d'un rhume violent, et fit tant de victimes que « le barreau et les collèges en furent muets. »

Cette épidémie reparut plusieurs fois en Europe, au quinzième et au seizième siècle, et emporta des milliers des personnes, entre autres Anne d'Autriche, femme de Philippe II.

En 1733, elle fit encore de grands ravages. Les Français, qui rient même en temps d'épidémie, la baptisèrent du nom de *follette*.

Elle en avait déjà un autre qui existe encore, *coqueluche*. Ménage rapporte que ce nom lui fut donné à son apparition, parce que ceux qui en étaient atteints se mirent à porter des coqueluches ou capuchons, pour se garantir la tête du froid. Et, comme la crainte de la mort elle-même n'est pas assez puissante pour bannir la coquetterie, les personnes riches portèrent des coqueluches de drap fin, rehaussées de broderies et couvertes d'ornements d'or ou d'argent.

Le danger passé, la mode de la coqueluche resta, et cette partie du vêtement devint bientôt l'article de toilette le plus recherché, le plus soigné, comme le petit manteau le fut plus tard sous Henri III. Il ne faut donc pas s'étonner si, par métonymie, le jeune élégant qui portait la plus belle coqueluche de la cour, de la ville ou du quartier, fut appelé tout court *la plus belle coqueluche*. Nous disons de même *la plus belle voix, la plus fine lame, les gros bonnets*, etc., pour désigner le meilleur chanteur, le meilleur bretteur, les personnages les plus importants.

Finalement, *coqueluche* de la cour, de la ville, du quartier, désigna l'homme à la mode, celui qui faisait tourner la tête aux femmes, et, par extension, la personne dont tout le monde s'entretenait.

On comprend maintenant comment la locution *se coiffer, être coiffé* de quelqu'un, fut entée sur la précédente. Une personne qui était la coqueluche d'une autre la coiffait; la seconde était coiffée de la première.

Béguin (autre espèce de coiffure) a servi, comme coqueluche, à créer une locution dont le sens est à peu près le même. On dit s'*embéguiner* d'une personne, d'une opinion.

S'*enticher* a une autre origine. Ce mot se dit des fruits qui se gâtent. S'*enticher* d'une opinion, d'une personne, signifie donc : se gâter l'esprit avec une opinion erronée, — se gâter le cœur par une mauvaise fréquentation.

Quand le Diable devint vieux il se fit ermite.

« Robert, surnommé le *Magnifique* par les grands, et le *Diable* par le peuple, avait usurpé la couronne ducale de Normandie en empoisonnant son frère Richard III, avec les principaux barons. A force d'énergie et de courage, il écrasa les résistances que son crime avait soulevées.... En 1035, pris de remords, il alla chercher à Jérusalem le repos de sa conscience.... On voit encore au-dessous de Rouen, dans un des plus beaux sites de la Normandie, une colline qui porte quelques ruines informes. Ce sont les débris du château de Robert le Diable, qui, au dire des légendes, fut hanté par les mauvais esprits : et ce serait non loin de là que Jean sans Terre aurait poignardé son neveu. » (V. Duruy).

C'est la pénitence de Robert le Diable qui a donné lieu au proverbe. Il ne faut donc pas dire : quand le diable devient vieux il se fait ermite, — puisque le diable, le mauvais esprit, n'entre pour rien dans l'origine de ce proverbe. Il faut dire : Quand le Diable *devint* vieux il se *fit* ermite.

Copain.

L'Académie a refusé d'ouvrir les colonnes de son Dictionnaire au mot *copain*. Mais les écoliers, plus forts que l'Académie, se sont chargés de lui maintenir une place honorable dans le style familier.

Demandez à un petit collégien quel nom il donne à l'autre petit collégien, que des raisons de famille ou une simple conformité dans les goûts le portent à préférer aux autres, auquel il conte ses peines, avec lequel il partage ses confitures, ses nougats et ses... *pensums*, et auquel, dès le mois de janvier, il fait jurer de venir pêcher à la ligne, pendant les vacances, dans la rivière qui baigne le jardin de la maison paternelle : il vous répondra que c'est son *copain*. Et ce mot dit tant de choses, pour quiconque a vécu sur les bancs d'une école, qu'il serait cruel de le bannir de la langue.

Du reste, *copain* a des droits incontestables à la bienveillance des linguistes, Il descend en droite ligne du latin *comes* et n'est qu'une abréviation du vieux mot français *compain*, qui signifiait *compagnon*. — *Compain* est certes plus joli que *compagnon*, et *copain* est plus joli que *compain*.

Se démener comme un diable dans un bénitier. — Faire le diable à quatre.

« Le goût des représentations scéniques est inné dans l'esprit humain. Il naît avec l'enfant, il naît avec le peuple. Destinée à rendre perceptibles à l'œil, les récits, les idées et les sentiments que l'on veut faire sentir et comprendre, la représentation scénique se retrouve, dès l'enfance des peuples, presque toujours unie avec la religion et son culte. Quel moyen plus facile, plus sûr, plus intuitif, de mettre à la portée d'un peuple inculte, ignorant, avide du fabuleux, l'histoire et les dogmes de la religion !

« Aussi vit-on bientôt (treizième siècle), dans le sein des églises, des drames religieux attirer et charmer les fidèles. Ces drames portaient les noms de *mystères* et de *miracles*, selon les scènes qu'ils traitaient. C'étaient, pour l'ordinaire, à Noël, le mystère de la Nativité, à Pâques, celui de la Passion, et, dans les autres grandes fêtes religieuses, d'autres sujets appropriés à la circonstance. Les *miracles* représentaient ordinairement des aventures tragiques tirées des Légendes des Saints et des Martyrs, aventures dans lesquelles, comme le nom de ce genre l'indique, Dieu, Christ et les anges intervenaient surnaturellement. Leur représentation avait probablement lieu lors de la fête des patrons d'églises, rendus célèbres par la légende. » (*La litt. franç.* — STAAFF.)

Dans la plupart des *mystères* et des *miracles*, le diable jouait un rôle important. Dans le *Miracle de Théophile* (fin

du treizième siècle), il conseille à Théophile, qui s'est
vendu à lui, de ne pas amer les pauvres, de leur torner
l'oreille, et de les chasser de devant sa porte. Il va sans dire
que, au dénoûment, le diable finissait toujours par avoir le
dessous, grâce à l'intervention de quelque archange, de
quelque saint, qui le houspillait d'importance et lui infligeait
un châtiment exemplaire. D'ordinaire, il était condamné à
être jeté dans un bénitier, où il se démenait, comme un
diable qu'il était, à la grande joie des spectateurs.

Les mystères et les miracles donnèrent naissance à un
genre de représentations qui avaient lieu, non plus dans les
églises, mais sur les places publiques. On les appela diableries. Des acteurs, barbouillés de noir, portant au front les
cornes légendaires, et ailleurs l'appendice également légen-
daire, vêtus, la plupart du temps, du costume primitif
complet, donnaient au public des représentations dont les
hurlements, le tapage, les contorsions et les grimaces diabo-
liques faisaient seuls les frais. Le but de la représentation
était de rendre sensible la vie des damnés dans l'enfer. Les
diableries se jouaient ordinairement à deux personnages.
Dans les grandes circonstances, ce nombre était porté à
quatre, et alors le vacarme était à son comble.

De là est venue la locution faire la diablerie à quatre,
puis : faire le diable à quatre.

L'âne gratte l'âne.

On cite plus généralement ce proverbe sous sa forme
latine : asinus asinum fricat.

Il est assez ingénieux d'avoir comparé à deux ânes qui
ont des démangeaisons, et qui se frottent l'un contre l'autre,
pour les apaiser, deux personnes qui ont des démangeaisons

de vanité, et qui se prodiguent mutuellement des compliments ridicules.

Ce proverbe est quelquefois, mais à tort, détourné de son sens primitif, et beaucoup de personnes le citent pour dire : Les ânes recherchent la société des ânes. Dans ce cas, il faudrait dire : *Asinus asino gaudet*, un âne se réjouit de voir un âne.

Asinus asinum fricat a beaucoup d'analogie avec : Passez-moi la rhubarbe, je vous passerai le séné.

Il en rougit, le traître !

Théophile Viaud, poëte français, contemporain et rival de Malherbe, est l'auteur d'une tragédie, Pyrame et Thisbé, où abondent les vers ampoulés, les expressions ridicules. Dans une scène, Pyrame s'approche de la muraille qui le sépare de Thisbé et s'aperçoit que cette muraille est lézardée; il s'écrie :

> Voyez comme ce marbre est fendu de pitié,
> Et qu'à notre douleur le sein de ces murailles
> Pour récéler nos feux s'entr'ouvre les entrailles!

Plus loin, croyant qu'un lion a dévoré Thisbé, il adresse à l'animal cette apostrophe :

> Toi, son vivant cercueil, reviens me dévorer.
> Cruel lion, reviens: je te veux adorer.
> S'il faut que ma déesse en ton sang se confonde,
> Je te tiens pour l'autel le plus sacré du monde.

Dans une autre scène, Thisbé ramasse le poignard avec lequel Pyrame s'est donné la mort et s'écrie :

> Ah! voici le poignard qui du sang de son maître
> S'est souillé lâchement. *Il en rougit le traître!*

Boileau, qui s'est chargé de transmettre ces deux derniers vers à la postérité, a rudement flagellé leur auteur :

Tous les jours à la cour un sot de qualité
Peut juger de travers avec impunité,
A Malherbe, à Racan, préférer Théophile...

La Bruyère s'est montré moins sévère pour Théophile Viaud et ne l'a pas jugé indigne d'un parallèle avec Malherbe, auquel cependant il adjuge la palme. La vérité est que certaines poésies de Théophile ne manquent ni d'élégance, ni de vérité, ni d'inspiration. Persécuté, enfermé dans un cachot, il adressa aux poètes de son temps une *prière* et au roi une apologie que les meilleurs écrivains de son temps n'auraient pas dédaigné de signer.

Dans la conversation, on cite assez souvent le fameux hémistiche : *Il en rougit, le traître!* Il se prête à de nombreuses variantes et ne s'emploie qu'en plaisantant.

Prendre le martinet.

Au moyen âge, et même au dix-septième siècle, la peine du fouet était souvent prononcée par les juges militaires et appliquée avec une rigueur extrême. Un colonel de l'armée de Louis XIV, nommé Martinet, indigné des cruautés dont il avait souvent été témoin, eut la philantropique idée de faire remplacer le fouet par de petites lanieres fixées à un manche et plus inoffensives pour la peau. Le nouvel instrument prit le nom de son inventeur, qu'il porte encore aujourd'hui.

Le rôle du martinet a bien changé; on ne s'en sert plus que pour enlever la poussière des vêtements. Cependant, on menace encore les enfants du *martinet*.

Margaritas ante porcos.

L'Evangile dit : *Nolite mittere margaritas ante porcos*, ne jetez pas les perles aux pourceaux. Ce langage figuré signifie : N'essayez pas de faire sentir les beautés immatérielles à ceux qui sont appesantis par la matière.

Margaritas ante porcos (des perles devant des pourceaux) est un proverbe fréquemment employé, surtout lorsqu'il est question d'œuvres d'art jugées par un public ignorant ou grossier.

Deux oisifs des boulevards s'étaient permis de suivre et d'interpeller deux dames qui rentraient à pied chez elles.

— Mesdames, vous êtes des perles, disaient-ils.

— Oui, Messieurs, répondit l'une des dames, *margaritas ante porcos*.

Style laconique.

On appelle style laconique ou lacédémonien celui qui se distingue par sa brièveté et sa concision.

Les Lacédémoniens semblent, en effet, avoir tenu dans le plus profond mépris les longs discours, si chers aux Athéniens. Voici quelques exemples de leur façon de parler :

Avant le combat des Thermopyles, Xerxès envoya sommer les Spartiates de leur rendre leurs armes : « Viens les prendre ! » répondit Léonidas, leur général.

Après la prise d'Athènes par les Spartiates (402 av. J.-C.), leur général Lysandre envoya à Lacédémone un messager porteur d'un lettre ne contenant que ces mots : Athènes est tombée.

Quand Philippe, roi de Macédoine, écrivit aux Lacédémoniens une longue lettre pour les inviter à reconnaître son autorité, les menaçant des plus terribles châtiments s'ils refusaient de se soumettre et s'il prenait leur ville, ils lui répondirent par le monosyllabe *si*.

Et quand ce même Philippe, après les avoir battus en bataille rangée, leur demanda de le recevoir en maître dans leur ville, ils répondirent par le monosyllabe *non:*

On cite d'autres exemples de laconisme :

Saint François Xavier, avant de se rendre aux Indes, sollicita par écrit la permission du pape. Celui-ci lui fit une réponse qui ne contenait que la lettre *i* (I, en latin, signifie *va.*)

Voltaire et Piron se trouvaient un jour à un dîner où les convives défendirent à Piron, qui était très bavard, de prononcer plus de trois mots pendant le repas. Piron garda le silence jusqu'au moment où Voltaire, qui venait d'absorber une grande quantité d'huîtres, dit avec satisfaction : Ces huîtres sont délicieuses; j'en ai au moins autant mangé que Samson tua de Philistins.

— *Avec même machoire*, riposta Piron.

Jeter de la poudre aux yeux.

Poudre est employé ici avec son sens primitif de poussière : Un tourbillon de poudre obscurcit l'air. (Volt.)

On a prétendu que cette locution faisait allusion aux pratiques des lutteurs et des coureurs grecs dans les jeux olympiques : les plus agiles, faisant voler la poussière sous leurs pieds, l'envoyaient dans les yeux de leurs rivaux et leur ôtaient ainsi une partie de leurs moyens.

Si telle était l'origine de la locution, elle voudrait dire :

tromper, vaincre par adresse ou par ruse, — tandis qu'elle signifie : éblouir par de grandes manières ou de grands discours.

A notre avis, *jeter de la poudre aux yeux* fait tout bonnement allusion aux nuages de poussière que jette aux yeux du modeste piéton une cavalcade ou un équipage qui passe sur la route.

Posséder des chevaux ou un carrosse n'a jamais été un signe irrécusable de noblesse, de richesse et de puissance ; et nos pères, qui créèrent l'expression *chevalier d'industrie*, pour désigner les soigneurs de mauvais aloi, avaient des raisons suffisantes pour croire que tous les individus qui voyageaient suivis d'un équipage n'étaient pas toujours ce qu'ils faisaient paraître.

De là à employer la locution pour caractériser les beaux parleurs, il n'y avait qu'un pas.

Être à l'index.

Index est un mot latin dont la racine nous a donné *indiquer*, *indice*, etc. Il signifie *indicateur*.

Les Latins donnèrent ce nom au doigt le plus rapproché du pouce, parce qu'il sert à montrer, à indiquer une personne ou une chose. Nous lui avons conservé la même appellation.

Les Grecs l'appelaient *likanos*, lécheur, parce que, dit un commentateur, à l'époque où les cuillers et les fourchettes n'existaient pas, on se servait de ce doigt pour prendre les aliments, et qu'on le léchait, si lesdits aliments étaient succulents. Il est donc probable que la locution *s'en lécher les doigts* a près de trois ou quatre mille ans d'âge. Un autre commentateur prétend que ce nom lui fut donné parce que les cuisiniers d'autrefois goûtaient les sauces en y trempant le doigt. Ceux de nos jours sont moins effrontés ; ils se contentent de faire mijoter, *pour leur personne*, une petite sauce à part, une sauce privilégiée, une quintessence de sauce dont les émanations suffisent à rendre presque délicieuse la sauce du grand plat. Enfin, un troisième commentateur dit que le doigt le plus voisin du pouce fut appelé *lécheur* parce que, de temps immémorial, les nourrices s'en servaient pour remuer la bouillie destinée aux poupards et la porter à leur bouche.

Index, au figuré, a servi à désigner ce que nous appelons vulgairement table des matières Cette table en effet *indique* les matières contenues dans un volume.

Il existe, dans la curie romaine, une congrégation dite de l'*Index*, dont les attributions consistent à rechercher les ouvrages qui contiennent des erreurs contraires au dogme catholique ou des passages immoraux. Après en avoir délibéré, les membres de la congrégation décident si la lecture de tel ou tel ouvrage doit être ou non interdite. Si oui, le titre de l'ouvrage est ajouté à la liste de ceux dont la lecture est prohibée. Cette *liste* s'appelle *Index*.

C'est par allusion aux usages de cette congrégation qu'on dit, d'une personne ou d'une chose, qu'elle est à l'index, qu'on la met à l'index. — Ici *index* ne signifie pas doigt, mais table, liste.

L'appétit vient en mangeant.

Jacques Amyot, fils d'un pauvre corroyeur de Melun, se sauva de la maison paternelle, à l'âge de dix ans, à la suite d'une peccadille dont la sévérité de son père lui faisait redouter les conséquences. D'abord petit commissionnaire à

Paris, il fut ensuite chargé de conduire des enfants au collège, obtint de s'asseoir dans un coin de la salle pendant les cours, et en profita si bien qu'il devint le savant Amyot, le traducteur de Plutarque, et l'un des véritables créateurs de la belle langue française.

Avant d'arriver aux honneurs, Amyot avait coutume de dire : « Le plus petit bénéfice suffirait à mes vœux. » Le roi lui donna la riche abbaye de Bellozane. Plus tard, l'évêché d'Auxerre étant devenu vacant, Amyot le demanda et l'obtint :

— Je croyais cependant, dit le roi à cette occasion, que vos vœux se bornaient à un petit bénéfice.

— Sire, répondit Amyot, l'appétit vient en mangeant.

Cette spirituelle réponse a vulgarisé le proverbe, si elle ne l'a pas créé.

Restaurant.

Autrefois on appelait cabaret, guinguette, tripot les différents endroits où l'on se réunissait pour manger, boire ou jouer. Les cafés ne parurent que vers la fin du dix-septième siècle et ne devinrent communs que sur la fin du dix-huitième.

C'est de cette époque aussi que date le restaurant. Voici l'origine de ce mot.

Un cabaretier de Paris avait fait placer sur son enseigne la phrase suivante : Venite ad me, o vos qui ventre laboratis, et ego restaurabo vos (venez à moi, vous qui avez faim, et je vous restaurerai). Cette phrase était une allusion plus ou moins respectueuse à celle de l'Evangile : Venez à moi vous qui souffrez et êtes accablés, et je vous soulagerai. Quoi qu'il en soit, l'enseigne eut du succès, les clients abondèrent et le cabaretier fit fortune. Alors il agrandit son établisse-

DICTIONNAIRE
DES CURIEUX

COMPLÉMENT PITTORESQUE ET ORIGINAL

DES

DIVERS DICTIONNAIRES,

PAR

CH. FERRAND.

DEUXIÈME SÉRIE

Prix : 75 centimes.

(Voir au dos de la couverture)

BESANÇON

IMPRIMERIE DODIVERS ET Cⁱᵉ, GRANDE-RUE, 87.

—

1880.

AVIS.

—

. Le *Dictionnaire des Curieux* se composera de huit séries, chacune de 64 pages in-8° carré.

Le prix de la souscription est de 6 fr.

Pour recevoir les huit séries *franco* à domicile par la poste, adresser un mandat-poste de 6 fr. (ou 6 fr. 15 en timbres-poste) à M. Ferrand, éditeur, imprimerie Dodivers, à Besançon (Doubs).

M. Ferrand sera reconnaissant des communications que voudront bien lui faire les *Curieux* au sujet des locutions de notre langue qui méritent une étude spéciale. Si ces communications ne pouvaient trouver place dans le *Dictionnaire des Curieux*, elles seraient réservées pour une publication ultérieure du même genre.

L'impression du *Dictionnaire des Curieux* sera terminée, au plus tard, dans la première quinzaine de février 1881.

N. B. — Les personnes qui ont souscrit aux deux premières séries, à titre d'essai, moyennant 1 fr. 50, n'auront que 4 fr. 50 à adresser pour recevoir les six dernières séries.